商业圣经
摩根给儿子的信

创业容易，守业不易，且行且珍惜

良石◎编著

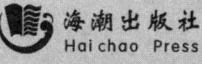
海潮出版社
Hai chao Press

图书在版编目（CIP）数据

商业圣经：摩根给儿子的信 / 良石编著. —— 北京：海潮出版社，2014.6

ISBN 978-7-5157-0655-9

Ⅰ.①商… Ⅱ.①良… Ⅲ.①摩根，J．P．(1837~1913)–书信集 Ⅳ.①K837.125.34

中国版本图书馆CIP数据核字（2014）第095033号

书　　名：商业圣经：摩根给儿子的信

作　　者：良石

责任编辑：周建平　张　莉

封面设计：颜森设计

出版发行：海潮出版社

社　　址：北京市西三环中路19号

邮政编码：100841

电　　话：(010)66969738（发行）　66969751（编辑）　66969746（邮购）

经　　销：全国新华书店

印刷装订：北京中创彩色印刷有限公司

开　　本：787mm×1092mm　1/16

印　　张：12.5

字　　数：160千字

版　　次：2014年6月第1版

印　　次：2014年6月第1次印刷

ISBN　978-7-5157-0655-9

定　　价：25.00元

（如有印刷、装订错误，请寄本社发行部调换）

这是摩根家族的奠基者约翰·皮尔庞特·摩根写给他儿子小约翰·皮尔庞特·摩根的私人信件。在这些信中，透露了太多摩根家族创造财富的秘密和商业智慧，是培养伟大企业家无比珍贵的教材……所以，此书一经出版，立即引起轰动，许多企业家甚至把它作为自己的案头必备书目。亨利·斯塔杰评价这本书时说："该书比摩根家族富可敌国的全部财富更宝贵！这是一本商业'圣经'"。

老摩根是美国历史上一位著名银行家，在继承家族企业的同时，他又以卓越的智慧，将它推向历史的巅峰。所以，不仅在家族事业的发展中，在美国经济史上，老摩根也是具有重量级的一位人物，他对美国经济发展作出了不可磨灭的贡献。尤其是在1907年美国历史上那次几乎导致国家经济瘫痪的危机中，老摩根力挽狂澜，这一点，在同时代的财富巨擘洛克菲勒写给儿子的信中就有很好的印证。

为了让家族企业顺利传承下去，并不断被发扬光大，老摩根可谓费尽心机。在这些写给儿子的书信中，他从生活、工作、学习、为人处世、企业管理等方面对儿子循循善诱地教导。事实证明，小摩根没有辜负父亲对自己的信任与重托，直到今天，坐落于华尔街的摩根公司依然是美国金融界的主宰。

一个企业的崛起不是神话，但如果这个企业崛起后，能够得以世代传承，那就是奇迹了！摩根家族无疑就是这些奇迹之一。那么，摩根家族得以长盛不衰的秘密是什么？阅读此书，你的这一疑惑一定会得到解答。

在翻译老摩根写给儿子的书信的时候，我就一直感到惊讶：在生意场上具有恢宏气魄的摩根，竟然在现实生活中是那么细心的一个人。作为一位父亲，一位享誉世界的财富大亨，这份细心实在难能可贵！让我们来看看他是如何在这些细节方面谆谆教导儿子的吧！

孩子有心事，他立刻就感觉出来了。在"困难是激发潜能的利器：让暴风雨来得更猛烈些吧"一节中，他就是因为发现孩子有心事，才写了那封信来开导他，并告诉他："爸爸永远和你站在一起，如果需要帮忙，我一定义不容辞！"

当孩子当选为行业协会会长时，他从孩子来信的字里行间，看到的不只是孩子的兴奋，更感觉出孩子的某些担忧，于是回信对他进行了开导，并对他日后如何开展工作提出了具体的建议。

老摩根还是一位严厉的父亲。当发现孩子哪里做得不对时，他会毫不客气地提出批评。在"冷静分析一切风险因素：抵得住冒险的诱惑"一节中，孩子在巨大利益的诱惑下，有点抵挡不住，忘乎所以了，他立即给孩子写信，及时地给他敲响了警钟，并耐心地把一切不利因素分析了一遍。我们可以想见，小约翰在看完这封信后，一定会对父亲的及时提醒感激不尽。

当发现孩子因为个人好恶，而使得公司流失一位优秀人才时，老摩根更是毫不客气地对他提出了批评，然后告诉他，作为一名领导者，应该关心、尊重和爱护员工。

当发现孩子对金钱缺乏计划性，以至于连500美元的日常开销都要从公司挪借，老摩根毫不客气地对他提出了批评，并向他收取高额利息。看起来，这个父亲似乎非常苛刻，但仔细想想就会发现，这正是他出于对儿子的爱呀！在那封信里，他还就如何计划和管理好自己的钱包给小约翰提出了具体建议。

为了教育儿子，有时候老摩根还会故意让儿子体验挫折。比如在"凡事要未雨绸缪：让银行成为我们坚强的后盾"一节，小约翰申请银行贷款失败，就是老摩根刻意安排的。

老摩根是一个喜欢读书的人，阅读这些书信，我们会发现，他经常会引用一些名人名言来向儿子说理，他的知识面是那么广博，也许，他的成功和他眼界的开阔也不无关系吧！他也想让儿子继承自己的这一好习惯，于是专门给孩子写了一封信，告诫孩子，一定要多读书，读好书。

老摩根是一个具有长远眼光的企业家、一个好父亲。为了公司长远发展，他没有一直把持着权力不放，而是在把孩子培养、锻炼成一位合格接班人后，全身而退，没有任何干预地让孩子尽情施展自己的才华。这才是对孩子的真爱！总之，老摩根把自己对儿子浓浓的爱意融化在了字里行间。

为了减轻您的阅读负担，本书除了采取通俗活泼的语言外，还在原汁原味的书信中，穿插了一些经典的小故事，精彩的解读，"智慧启迪"部分，更贴近青少年生活，对于阅读本书，并想从中汲取一些力量和道理的青少年，可以起到抛砖引玉的效果。此外，书中还配有一些有趣的、富有深意的漫画，让您在阅读时心情更轻松，更愉悦。

目录
CONTENTS

■)) 第一章 | 直面困难，迎接挑战

01 充实自我，蓄势待发：做好迎接挑战的准备 / 2

02 勇往直前才能战胜困难：在追求成就感中领略人生真谛 / 8

03 别忽略任何一项风险因素：抵得住冒险的诱惑 / 14

04 困难是激发潜能的利器：让暴风雨来得更猛烈些吧 / 19

05 紧紧围绕核心竞争力：用你特有的东西去竞争 / 23

06 年轻就是资本，就是力量：勇于接受人生的考验 / 28

07 肩负起属于自己的责任：在人生的舞台上演绎精彩人生 / 33

■)) 第二章 | 塑造最完美的企业家形象

08 从关注细节开始：全面塑造优秀企业家形象 / 42

09 让企业长盛不衰的诀窍：多元化经营，分散投资风险 / 51

10 企业可持续发展的秘诀：在不断反思中前进 / 57

11 发挥公司的最大潜能：追求效率化管理 / 64

12 每一分钱都是财富的种子：用有限的资金创造最大的利润 / 70

13 创新是幸福生活的原动力：努力创新与突破 / 77

◀ 第三章 员工是企业发展的核心力量

14 员工是一项未知的财富：关心、尊重并赞赏员工 / 84

15 礼貌是一把锐利的长矛：多一些礼貌和关爱 / 90

16 不可忽略的内在动力：积极暗示激发下属工作的热情 / 96

17 别让批评的风把人刮倒：做出有价值的批评 / 103

18 千方百计激发员工做事的积极性：实现高效的用人之道 / 108

19 学会拒绝：开除员工也要讲技巧 / 116

◀ 第四章 掌握为人处世之道，让我们的人生之路更平坦

20 合理安排我们的工作和生活：给生活找个"平衡点" / 124

21 让友谊之花开遍我们的人生之旅：广交朋友，珍惜知己 / 130

22 别把婚姻当儿戏：结婚是一生中最大的投资 / 135

23 合法经营就无需畏惧：巧妙运用法律维护自己的权益 / 139

24 凡事要未雨绸缪：让银行成为我们坚强的后盾 / 143

25 诚实是一笔宝贵的财富：任何时候都别让自己的人品出问题 / 149

◀ 第五章 全面提升自我价值，不断追求与超越

26 读书，让我们赢在起跑线上：多读书，读好书 / 154

27 养成终身学习的好习惯：不断学习新事物，汲取新经验 / 158

28 养成主动做事的习惯：把自己打造成职场上的"香饽饽" / 162

29 健康是幸福和一切力量的源泉：小心呵护我们的身体 / 167

30 和"月光族"说再见：计划好手里的金钱，管理好自己的钱包 / 173

31 几个小技巧修炼完美口才：追求魅力四射的演讲境界 / 180

32 用最少的时间达到最好的效果：做一个效率超人 / 186

为了实现自己的目标，努力战胜困难，我们的人生才会更有意义。工作和生活的充实可以提高我们的生活质量，进而让我们的人生充满意义。在我们的人生之旅中，不可能总是一帆风顺，我们要做的就是，在遇到困难和挫折时，不要退缩，要继续勇往直前，这样才能让我们的人生充满意义，采摘到幸福的果实！

——摩根

第一章

直面困难，迎接挑战

01 充实自我，蓄势待发：做好迎接挑战的准备

> ◉ *小约翰的心声：亲爱的爸爸，我马上就要大学毕业了，这可是我期待已久的！此时此刻，我是多么的兴奋，真盼望立刻就能投身咱们的家族企业，按照您的建议，从最底层开始，施展自己的人生抱负！可我内心还是有些担心，因为社会毕竟和学校不一样，有什么需要特别注意的地方吗？亲爱的爸爸，您给我点建议吧！*

亲爱的小约翰：

　　此时此刻，爸爸心里有好多好多话要跟你说。从现在起，我对你的教育方式要有所改变，这是因为，你已经长大了，马上就要来到社会这个大熔炉了，来和我一起在这里迎接人生的挑战。所以，你今后更重要的角色是我的同事、我的战友，而不只是我的儿子。今天对你的人生来说很重要，因为你已经走出了校门，在过去20年的学校生涯中，你一定接受到了很好的理论教育，可以以此为基础到社会上参加工作了。对此，你一定期待已久了吧？许多人一想到要工作就感到头疼，那是因为他们从工作中想到的是：早晨不能睡懒觉，工作单调又枯燥，一点玩的时间都没有，而且还有可能因为工作得病；不过，也有人急切地想工作，想在工作中让自己的理想和抱负得以实现，所以他们想在工作中努力奋斗，让自己的才华展现出来。我希望你能成为后者，希望你在继承家族产业的同时，还能在事业上创造出更多的奇迹。

🔊 乐观地面对一切

对待同样一件事，有的人看到的是快乐，有的人看到的是悲伤，这都是因为态度不同所致。与其悲伤地被动接受，不如快快乐乐地主动迎接！

 小/故/事

工作的乐趣无可替代

几年前，一位英国火车司机在购买彩票时，幸运地中了690万英镑大奖，这可是他梦寐以求的呀！他立即辞掉了工作，花几万英镑买了一辆豪华的车子，开始了自己的环球之旅。"有钱的感觉真好！"一开始，他整天陶醉在金钱带给自己的乐趣中。可是，这种乐趣也仅仅维持了几个月而已。渐渐地，他终于厌倦了这种生活，于是又向公司申请，让自己再回到原来岗位，但公司拒绝了他。经过百般恳请，他终于又回到原来的岗位，那一刻，他兴奋不已！

有些人对此感到不解，认为他一定是疯了！但他却说："生命如此可爱，怎么能浪费在无聊的度假上呢？我应该与心爱的火车在一起呀，只有工作才能带给我无限的乐趣！"在他看来，只有工作才能让自己的生命变得充实而有意义！

亲爱的儿子，在此之前，也许爸爸对你太苛刻了，让你不能像其他孩子那样尽情玩耍。可是你要理解爸爸，爸爸也是为了让你得到更好的教育呀！现在，你的思维已经很成熟了，你应该把多年来努力积累的知识，在这个尽管有些残酷但却很现实的社会中发挥出来，作为你谋生的工具和稳固地位的武器，从而实现更高的跨越。就这一点来说，和同龄人相比，你就已经具有了绝对的优势，因为你对自己的未来已经很明了，你想成为一位优秀的企业家。不是哪个年轻人都像你这么幸运的，不少人为了活下去，为了好好活着而苦苦挣扎，哪里还敢奢求什么目标！即便他们确立了自己的目标，却依然无法进入实现自己理想的轨

道。你知道这是怎么回事吗？因为你比他们更有优势，你有我这样的爸爸，我可以毫无保留地把自己多年来经商的经验告诉你。这些经验都是我们迈尔斯·摩根家族祖祖辈辈传承、积累下来的，从1636年登上美洲大陆务农就开始了，包括创业、地产、金融等方面所有的成功经验，这都是为了你能继承我们的家族事业而着想啊！想想看，你是不是很幸运？你有理想，也有实现理想的工作平台，这就是一个很好的开端。

📢 爸爸妈妈的苛刻是对我们的爱

你还在抱怨爸爸妈妈在教育上对你太苛刻吗？是不是很多时候都有反抗的冲动？也许当你步入社会之后，发现自己比身边的人更优秀时，你就会意识到，爸爸妈妈对我们苛刻的要求，都是出于对我们的爱呀！

所以，你从正式到公司工作的第一天开始，就必须遵守时间规定，在自己的岗位上勤奋努力，你必须先从最底层的工作岗位做起，先在那儿了解一下企业的基本运营。纪律是必须遵守的，你想想，要是连上班的时间都不能保证，还能保证完成更重要的任务吗？在咱们的企业，上班时间是有规定的，下班时间则根据各自的工作需要而定。一般说来，并不是所有的公司对上班的时间点都卡得那么死，所以，如果有谁不能接受我们公司的规定，可以去别的公司看看。本来说好7点钟见面，但你直到8点才晃悠悠地过来，我不希望出现这种情况，哪怕你是公司的管理人员，也必须严格遵守这个规定。

公司中有一些为了公司发展而努力多年的同事，在工作中，你应该经常跟他们多交往。他们所掌握的一些工作经验和管理能力，一定是你非常渴求的。在这一阶段，就算你有改革的想法，也得静待时机，因为现在还不是时候。如果你对现状有什么不满的地方想要推翻它，只要你的方法更科学，尽管直言不讳地提出来。不过在实际操作的过程中一定要讲究方法，循序渐进。守株待兔的人永远只是失败者，而那些边充实自己边蓄势待发的人才会成功，因为他们在采取行动之前会考虑得很周密，他们总是把所有可能出现的细节都想到以后才做出完整的计划。如果你铁了心要在公司进行变革，也不能急功近利，不过这不包括一些特殊情况。尽管拖泥带水、拖拖拉拉是一个企业管理者最不该有的毛病，可是还要具体情况具体对待，比如没有涉足过的商业范围，就要经过缜密思考，有了十足的把握后再开始下手。

你在学校学到的理论知识，可以作为你工作中的导航仪，不过实践才是更重要的。所以在工作的过程中，你要放下架子，虚心求教，你身边的人自然会帮助你。我建议，你还是从销售部门开始学习吧！当你对公司有了整体的了解，我自然会给你和客户见面的机会，到那时候，你再施展自己的推销能力，对自己有一个深刻的认识。这些客户跟公司合作的时间，甚至会比你的年龄还要长，你也可以通过他们了解一下公司，了解一下公司在他们眼中的形象。不过你得注意了，你在第一次和客户见面之前，一定要先千方百计地了解对方，因为客户都很重视第一印象，他们不会再给你第二次机会。所以，你从一开始就要做足功课，争取让自己看起来很完美。一旦你丧失了客户的信任，要想挽回，你恐怕得花上一两年甚至更多时间，这样一来你的起跑是不是就慢了半拍呢？

◀)) 养成虚心的态度

即便你回回考试都是第一，那也不表明你是全才。即便在考试中全班倒数第一的人，也一定有他的过人之处，只是不表现在成绩方面而已！所以，任何时候都不要骄傲自大，看轻别人，懂得向身边的每一个人虚心求教的人，才能让自己变得日渐完美起来。

作为新手，一定要多用耳朵少用嘴巴，这是一个基本原则。想成为健谈者，学会倾听是重要前提。你得试着让别人多说自己，要听得进别人的意见，这样你眼里的世界才是客观的，你也才能对问题做出正确的判断。以前，当我决定是否录用一个推销员时，我会用客户作为他的"试金石"，客户反映"话太多"的推销员，我坚决不用。其实这个道理很简单：祸从口出。自己说出自己的缺点，还不如想想再说，人们真正喜欢的是那些学识渊博却很谦虚的人。对于客户来说更是这样。

在和客户洽谈的时候，必须做好充足的准备。首先要做的就是，带上公司的完整资料，时刻告诫自己，还有很多强劲的竞争同行，也能提供优质的服务。所以你要始终保持自信和勇气，才能在与客户交流时畅所欲言，给人留下一个好印象，圆满地完成工作任务。不过你得注意，一定要实事求是，不能吹嘘，更不能打断别人的话。对方说完以后你再表达你的看法，这是对人家的尊重。推销是我们的主要目的，可你必须记住：良好的售后才更关键！若是由于售后服务不到位而引起客户的不满，甚至取消与我们的合作，使我们不得不继续开发新客户，这还叫有工作效率吗？当然了，开发新客户是我们必须的工作，不过在损益表中，我们可能会看不到收益。所以在开发新客户的时候，也要加强售后服务，才能保障公司的继续发展和壮大。

🔊 第一印象至关重要

在心理学上有一个"首因效应"，说的就是第一印象的重要性。一般情况下，初次见到一个人，他的仪表、谈吐、体姿等都会给我们留下一个印象，而这个印象又是判断我们今后是否要继续交往的基础。所以，你想赢得一个好人缘吗？那就从关注自己给人的第一印象开始！

一家企业如果没有良好的服务做保障一定难以持久，服务会使企业在竞争中插上翅膀。所以，我们一方面要致力于客户的售后服务，同时也要保持和那些原料供应商的友好往来。一些原料供应商们，就是因为看到我们的售后服务，对我们的工作效率很是赞赏，所以，即便有些竞争对手用低价作诱饵，甚至以暴力相威胁，他们也从未停止过对我们的原料供应。同样，我也希望客户能始终用这种态度来支持我们。

现在，你刚刚参加工作，你要把这当作一种锻炼、一种学习，绝不能轻率行事。在此期间，你要小心从事，不过也别惊慌失措。对于每一个新来的员工，你都要仔细观察，就像老师审视每一个新来的学生一样。同时你也要知道，别人也在审视你，任何一个小小的过错，都可能让别人改变对你的印象。所以，对自己的一言一行你都要格外注意。我说了这么多，你是不是感到有点害怕了？不过别太担心，因为"罗马的建设不是一天完成的"。

你的教育积累可以清晰地告诉你，你奋斗的目标是成为一位优秀的企业家，也就是说，你完全有能力适应我们公司的工作。你从小到大这20年时间里，通过对你的观察，我觉得你不是爱钻牛角尖的人，懂得灵活变通。不过，能不能在工作中找到乐趣，可就全在你自己了。

找到学习的乐趣

有的人一直抱怨学习很枯燥，在他们看来，学习是一件很累人的事，这种人虽然已经很努力了，但成绩却总是不佳。但有些人却学得很轻松，在他们看来，学习是一种享受，他们的成绩也往往排在前面。你是哪种人？你找到学习的乐趣了吗？

学习就如逆水行舟，不进则退。你是一个有理想、有抱负、有担当的孩子，这也许会让你把工作作为生活的调味品。可是你得记住，竞争无处不在，30年后的那些商业界巨人，此时也正与你一同步入社会，开始了在商业界的竞争！

再啰嗦一句，想成为未来真正的商业界巨人，必须在走出校门后继续努力学习。只是你得合理安排时间，用一些娱乐方式使自己的生活变得有滋有味，把晚上和周末也充分利用到工作中。

企业的事千头万绪，都需要我做主，所以我不能一直陪你，你只能自己学习和成长。没有一个爸爸不期望自己的儿子成功，我也不例外。16世纪时的诗人乔治·哈伯特在诗中这样写道："一百个老师都不敌一个好爸爸。"这话一点也不夸张。

社会这个大家庭欢迎前来谋生的你。我希望在一年后能看到你优异的成绩单。作为检验标准，成绩无疑是最好的方式，不过事情纷繁复

7

杂,有时候成绩的反馈并不那么真实。的确,失败会让人气馁,不过只要坚定信心,失败仍然会成为成功之母!所以,就让挑战来得更猛烈些吧!当然,这得以失败带来的损失为代价,不过需要说明的是,虽然失败能被作为管理者进步的武器,但绝不能人为地制造。

爱你的父亲

智慧启迪

从学校跨入社会,对一个人来说,这是一个伟大的转折点,因为从此以后,他就要接受社会的挑战,能否找到工作中的乐趣,对自己未来的发展至关重要。如果不能专注于一个行业,在哪里都是三天打鱼两天晒网,这样的人怎么能成就一番事业!对我们学生来说也是如此,既然学习是我们的主要任务,我们就要设法找到学习的乐趣,勇于面对学习带给我们的挑战,这样才更容易获取人生的成功!

02 勇往直前才能战胜困难:
在追求成就感中领略人生真谛

> 小约翰的心声:亲爱的爸爸,我知道,人们在对一对新人表达祝福时,经常会说:"祝你们幸福!"但有的人整天为工作而忙碌,似乎就没有清闲的时候,我都替他们感到累,但他们却说自己很幸福!您也经常对我说,希望我的人生能够幸福,可是爸爸,到底什么是幸福啊?

亲爱的小约翰:

你在来信中问我:什么是幸福?唉,这可是个大问题!我一辈子都没搞明白这个问题!也许,每个人在面对这个问题时,给出的答案都是不一样的。弗洛伊德认为："幸福就是快乐。"阿多拉认为："幸福是在追求权力的过程中获得的。"威克达·依·法兰克尔对幸福的阐述似乎更加准确，特别是他曾经出版的一本关于精神医学的书，让我感触颇多，也对我产生了巨大影响。在这本书中，他给了我一个很有新意的答案。和前面两位专家相比，他的观点似乎更有说服力。这一点，后面我会详细说明。

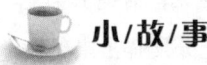 **小/故/事**

幸福伴随成就感而产生

一天深夜，在一座小城的一家小旅馆里，侍者刚要关门，一对老夫妇走了进来，他们需要一个房间休息。侍者抱歉地说："对不起，所有房间里都已经住满了人，一间多余的房间都没有了。"看着老人疲惫的神情和失望的目光，侍者突然想到，这么晚了，其他旅馆肯定早就关门了，如果自己再拒绝他们，那他们这一晚上岂不是要流落街头？看这对老人转身要离开，侍者赶紧对他们说："等一下，让我想想办法。"然后，这位好心的侍者把两位老人带进了一个房间，对他们说："不好意思，你们就在这里将就住一晚吧！"老人环视了一下房间，很简陋，但却整洁干净，于是，他们谢过侍者后，高兴地住了下来。

其实，这个房间是侍者睡觉的房间，但他为了不让两位老人流落街头，就彻夜未眠，在前台值了一夜的班。但他内心却非常快乐，因为自己帮助了别人而感到非常幸福！

弗朗西斯·培根曾经说过："一个人的命运如何，全在他自己。"信念与人格是决定一个人能否获得成功的关键因素。要想有所成就，你必须首先有一个健全的人格和一个积极健康的心态。说到这里，我顺便提一下成为伟人的条件。首先，和普通人相比，伟人的思想和特质更具有独特性，这也是那些优秀者各不相同的原因。要想让自己的特长发挥出来，必须先对自己的性格和能力有一个充分了解。其次，伟人都有谦虚的性格，对于在某方面比自己强的人，他们也能做到虚心求教，遇事知道和别人商量研究。你也要这样做，才能把自己也塑造成一个成功者的角色。所以，未来道路和事业的抉择，关键在于你自己，外人对你的影响还是很有限的。

◄))) 发挥自己的特长

　　每个人都是一个独特的个体，都有自己的特长，但有的人发挥出来了，有的人却没有，所以也就有了伟人和普通人的区别。你想让自己从众人中脱颖而出吗？那就找到自己的特长，并把它充分发挥出来吧！

　　当然了，每个人对幸福的见解各不相同，这也很正常。这就好比在面对困难时，因为心态的原因，有的人能泰然处之，有的人却不能。在对一个人心理发展的影响方面，自由起着很大的作用。比如，当人生对我们发起挑战时，我们可以选择前进或逃避。当上级交给你一项艰巨的任务时，你可以抱怨，甚至拒绝。但你也可以对自己说："即便任务再难，我也要接受，并且，我还要很漂亮地完成它！"如果你有这种心态，那你不管做什么事，都会感到很顺利，并能享受到成功后的喜悦。在面对挑战时也是如此，如果你能做出明智的选择，那你的成功几率就会大很多。

　　在克服困难的过程中，面对困难的勇气和积极健康的心态固然很重要，但良好的心理素质更关键。具有良好心理素质的人，可以坦然面对任何困难，他们似乎更能通晓人生哲理。事实的确如此，如果一个人有健全的心态，他就能感受到更多的人生责任感，成功也就是自然而然的事了。关于责任，法兰克尔的解释最有代表性，他说："责任是人类存在的基础。"有责任感的人，对工作更加充满激情，更能创造性地完成好自己的工作。我发现，越有责任感的人，他的生活也越充实。有的人害怕品尝失败的苦果，所以当生活对他们发起挑战时，他们就开始畏缩不前了。要想提高自己成功的几率，就必须有一个积极健康的心态，成功也好，失败也好，都能坦然面对。所以，相比较而言，那些跌倒了能够再爬起来的人，和那些因为害怕跌倒，而从不敢迈步的人相比，不知道要强过多少倍！如果把人生比作一串项链，那么，"跌倒"和"爬起来"，就是这串项链上的珠子，如果你一味地逃避"跌倒"，那么，你人生的项链永远也穿不好！

🔊 责任心越强，生活越充实

有责任感的人，自然知道自己要做什么，而且在做事的过程中，责任感就是激励他们前进的动力，使他们能把事情完成得更漂亮。所以，有责任感的人，从来不会感到无聊，他们的生活总是很充实。并且，责任感越强，生活越充实！

从众多的伟人传记中我们可以发现，这些伟人都有一个共同的特点，那就是不管环境多么恶劣，他们都从不低头！所以，在困难面前，是勇于面对，还是畏缩不前，是决定一个人能否成为伟人的关键因素。每一个伟人的内心都有一个罗盘，当难以抉择的时候，责任感就是引导他们前进的指针。每当我在阅读这些传记，看到他们披荆斩棘地渡过重重难关时，我就会为他们百折不挠的精神感到由衷的敬佩！西尼卡也曾经说过："伟人的高峰，是由许多艰难险阻构成的。"这是一个永恒不变的法则。所以，当你的人生之路变得崎岖不平时，一定要坚持下去，不要退缩，因为，成功正在前面向你招手！

战胜困难的过程不只是一个人能力的体现，还会让人领略到许多人生真谛，而这些，许多年轻人还是暂时无法体会到的，所以他们对人生的真正价值还不是很了解。另外，他们也不知道自己要为什么而奋斗，所以也就体会不到成功时的喜悦，只能空有一身才能。也许有一天他们在照镜子时，会发出像腓特烈·赫贝尔那样的感慨："也许，我永远也不会让自己变得完美起来了！"

生活水平的提高，使得许多年轻人失去了吃苦的机会，变得好吃懒做、喜欢抱怨起来。当然了，这种怪现象不是最近才出现，而是自古就有的，古罗马的记载中就有这样的事例。吃苦和生活水平提高，两者并不矛盾，因为你选择如何面对困难和如何解决困难，那是你自己的事，并不是说生活水平提高一倍，你对困难的害怕就会增加一倍，而是你在面对困难时的表现给了大家这样的感觉。所以，如果能把吃苦作为自己人生的一部分，自然可以体会到人生的价值。

◀)) 把吃苦作为人生的一部分

　　俗话说："吃得苦中苦，方为人上人！"要想获得成就，登上人生的顶峰，不肯吃苦怎么行？要知道，任何事情的成功，都不可能一帆风顺，请记住：宝剑锋从磨砺出，梅花香自苦寒来！

　　人类的进化，就是通过不断战胜困难而得以实现的。但许多现代人在面对困难时，却丧失了古人的激情。面对残酷的社会现实，即便是为了生存下去，他们也不肯勇敢地投入战斗，而是选择了逃避，靠社会福利制度、教会和朋友的接济而生活，或者干脆在吸毒、酗酒中堕落下去。抱有这样心态的人，在困难面前只能表现得一筹莫展，他们根本就不能战胜困难，更别说承受挫折了。再加上他们没有经历过任何成功或失败，所以连一点克服困难的勇气都没有。刚才我也说过，一个人的命运如何，全在他自己。也就是说，是否下决心要解决困难，是他自己选择的。关于这一点，不管人们是否认同，事实的确如此，要想战胜困难，只能选择勇往直前！

　　还有一类人也非常可怜，他们有过目标，但残酷的现实让他们失败得很惨，于是他们沉溺于虚构的小说，从中寻找成就感和自我安慰。最明智的做法是，不管现实多么残酷，我们都要经得起考验，始终以大无畏的精神去面对，并理直气壮地对自己说："大丈夫就应该如此！"法兰克尔在《医生与心志》一书中，就对此做了明确说明。他给幸福的定义就是"成就感"。仔细想想，或许你就会赞同他的观点。任何事情都不可能坐享其成，当然了，健康的身体和幸福的家庭除外。幸福不是凭空产生的，也不是金钱可以买来的，就像法兰克尔说的那样，要想享有幸福，必须先得有个目标。即便是打扫庭院这样的小事，也要认真去做。任何事情都可以给我们带来幸福感，比如学骑自行车、在学校取得好成绩、交到一个新朋友并能与之和睦相处、拥有自己的小轿车，等等。不管什么事，只要我们认真做好，就能享受到一种幸福的感觉。

事实的确如此，幸福生活一般都是由成就感带给我们的。因为，任何目标的实现，都会让我们产生一种自豪感。比如，你爷爷每天都会给自己的生活做一个计划，并努力完成这个计划，所以，他的生活总能让他体会到一种成就感。在给他庆祝80岁大寿的那天，我向他请教健康的秘诀，他告诉我："每天早上一睁开眼睛，想到还有事情等着我去做，我就会感到非常快乐，浑身充满了活力！"看到了吧，这就是你爷爷的生活目标！85岁以后，他要做的事情越来越少，所以他的身体状况也开始急剧下滑。

🔊 幸福无处不在

幸福往往伴随成就感的产生而产生，小到收拾房间，大到打造一份事业，都可以让我们收获成就感，从中体会到一种幸福。所以，幸福无处不在，关键是你要用心去做。

为了实现自己的目标，努力战胜困难，我们的人生才会更有意义。工作和生活的充实可以提高我们的生活质量，进而让我们的人生充满意义。在我们的人生之旅中，不可能总是一帆风顺，我们要做的就是：在遇到困难和挫折时，不要退缩，要继续勇往直前，这样才能让我们的人生充满意义，采摘到幸福的果实！

每个人对幸福的理解都是不一样的，对我来说，幸福是伴随我们对每一项任务的完成而到来的。为了出色地完成一项任务，首先得有一种责任感，并在责任感的感召下，选择对待工作的态度，然后才能在面对困难和挫折时始终保持百折不挠的精神。

一个人的人生是否有价值，不在于他活了多大岁数，而在于他是否完成了自己的事业。有的人活了将近百岁，却仍然是一事无成。所以，幸福和生命过程无关，而在于你选择以什么样的态度来对待生活。

爱你的父亲

你现在知道什么是幸福了吗？幸福是伴随成就感的产生而产生，是一种精神上的满足和愉悦。所以，如果能实现自己的人生价值，这样的人无疑是幸福的。那么，你决定如何追求自己的幸福呢？请先给自己定个目标吧！比如，下次考试争取考到90分，然后认真去做，当目标实现的那一刻，你一定会享受到一种幸福的感觉！

03 别忽略任何一项风险因素：抵得住冒险的诱惑

小约翰的心声：亲爱的爸爸，前段时间，哈罗特和几位工程师朋友邀我商量一件事，他们给我提供了一个非常好的赚钱机会，听完他们的描述，我又考虑了好几天，觉得这真是一个稳赚不赔的好机会，我太兴奋了！您知道的，我一直想做出一番事业，现在，机会终于来了，我不想让机会悄悄溜走。亲爱的爸爸，请为我祝福吧！

亲爱的小约翰：

如果将一项赚钱的事业放在你面前，用不了半个小时，你很快就会列出一切可行性因素，却早就把不利因素抛到了脑后，以至于给自己造成终身的遗憾。对此，你是怎么想的？我有点担心，当这种机会来临，你一定会抵挡不住冒险的诱惑！

就比如你的朋友哈罗特给你讲的那个赚钱机会，哈罗特和你那几个工程师朋友兴奋地给你讲了一大通赚钱的美景，在他们看来，这是一个万无一失的计划，不管从哪个角度来说，都稳赚不输。但据我所知，那个行业好像跟我们的生意一点都不搭边，而且，他们之所以希望你加入，就是因为看重我们的家族事业已经稳固这一点，所以我猜测，他们之所以想邀你入伙，就是想利用我们的利益，去发展他们的新事业！

也许你正兴奋地计算这项事业能给你带来几百万的收益，但我想告诉你几件事，或许可以避免给你带来难以估量的损失。

做事之前要综合考虑

任何事情都不可能有百利而无一害，如果在行动之前只考虑到有利因素，而把不利因素全部忽略掉，一旦在计划实施过程中遇到特殊情况，你可就要傻眼了！所以，做事之前一定要综合考虑，把有利因素和不利因素全部考虑进来，做好万全的准备，胜算的几率才会更大。

首先，你要弄清哈罗特和那几位工程师到底为什么想邀你一起从事这么冒险的事业？那项计划以高精端技术为核心，主要从事大型建设设备服务，这和我们现在的生意相差悬殊，就你目前的知识和技术来看，肯定对这些根本就不了解！

如果有展现你才能的机会，我当然不会反对，不过说实话，我一听到这事，首先就想到了我们的财产。因为要想发展一项新的事业，必须能同时解决制造和销售等方面的问题，为了将计划付诸实施，就必须筹措足够的资金，那时可就要大伤脑筋了！到时候你就会感慨：这是一个处处需要金钱的世界！

即便这项计划非常周全，确保可以成功，但如果需要投资几百万元，还有人去从事这个事业吗？你肯定不会，因为你没有那项事业必需的技术和资格！而且，如果你把精力全用在那上面，如何确保我们公司的效率和利益？说实话，就你现在在企业管理方面的经验，如果想两者兼顾，似乎还有些能力不足，到时候我们公司的效率和利益恐怕就要大幅下滑了！

做最重要、最靠谱的事

有人解释"舍得"这个词，说是有舍才有得。事实的确如此，一个人的时间和精力毕竟有限，所以要做就要做最重要的、最靠谱的事！如果什么都舍不得放弃，最后可能一件事也做不好！

还有一点，如果你朋友的计划付诸实施，公司刚刚成立，肯定没有能力雇佣精干的职业经理人，这种情况下，权力肯定会落在哈罗特身上，你觉得可行吗？到时候，哈罗特一定会利用你的资金，让你靠边站。如果哈罗特在处理任何事情时都能得心应手，那这样做也无可厚非，但他才32岁呀！没有经过任何企业培训，也没有这方面经验，除非他是一个企业管理方面的天才，但我有点不相信！

也许你多次投资之后会有成功，但你能确定无数次失败后，一定能找到一项可以成功的投资吗？

除了你对这项事业根本不了解外（当然了，即便我们对那个行业多少有点了解，但风险还是存在），哈罗特和那几个工程师们，一点企业管理的经验都没有，他们到底行不行？必须合作一次才知道，但这需要付出的代价太大了！

如果你们的计划成为现实，那么就会出现这样的情况：你是投资人，哈罗特是董事长，查理负责销售，富莱特负责生产。刚开始时，你们每个人可能都会辛勤工作，努力奉献。但时间一长，如果你们中的一两个人奉献精神减弱，工作就会变得非常辛苦起来，一旦有人身体垮掉，不愉快的事情也就发生了。

"查理那家伙每天工作3个小时，却享受着200元的午餐，而我还在这里埋头苦干，太不公平了！"

"为什么他们都在吃喝玩乐，却要我晚上加班？我辛辛苦苦赚的钱，有四分之三都进了他们的腰包！"

接着，他们又开始抱怨起你来："为什么我们每赚一块钱就要分给他两毛五呢？他可什么都没做啊！"

人们就是这样健忘。当初，就是因为你的投资，才使这家公司得以成立的呀！他们本应对你心存感激，却把你的贡献全给忘了！他们甚至还质问你："你到底为公司做了些什么？"

🔊 认识人性的弱点

贪婪和自私是人性的一大弱点。谁都想少付出，多收获，但这却是不可能的！所以如果打算与人合伙做事，一开始就要把这些都考虑进来，以免将来出现纷争。

如果你执意要加入他们，那我建议你先做几件事，以此来减轻你将来可能要面对的痛苦。首先，了解他们的诚实度、才智以及是否勤勉。你最好先和他们谈一下我刚才列举的不利因素。还有你的投资、为此做出的牺牲等问题，这些都很现实。此外，你还要做好遭遇困难的心理准备。除非这项事业具有独特的魅力，否则为了成功，你们势必要付出艰辛的努力。你还可以把这些想法转变成书面材料，那么，即便将来企业破产，起码他们还会想起你当时的警告。

另外，企业股份该如何分配？这也是需要考虑的问题。我的分析是这样的：哈罗特和你地位相当，另外两人虽然也很重要，但毕竟不是领导者。为了保障自己的利益，谁都希望在企业中拥有一定的股份，所以，我们可以想出好几种让每个人都称心如意的方案。哈罗特肯定会和你站在一起，同意你们两个共同持有大部分股份。比方说，你们两个平分80%的股份，查理和富莱特每人持有10%的股份。这时候，没有哥们义气，否则就不利于事业发展。一年结束后，要将税前盈余的30%分配给他们，也就是说，分给他们每人10%，这样做可以对他们起到两种激励作用：第一，他们不需要等到偿清所有债务就能看到自己获利；第二，对于企业来说，一般在年末时都会有一定的利益分配，这也是他们努力一年的报酬。

关于股份分配问题，即便现在定下来，将来也可能会发生纠纷，所以，你最好把三个合伙人、会计、律师召集在一起，共同评估你们每人应该持有的股份。因为，一旦有人在某一天对自己持有的股份感到不满，要想和他解除合作关系，会和离婚一样，是一件非常麻烦的事。所以，这种评估最好每年进行一次，以免将来有人想卖掉自己的股份，也能知道他手中的财产有多少。

📢 保护好自己的利益

损害别人利益的行为是可鄙的，但不知道保护自己利益的人更愚蠢！所以，有些即便关系很好的朋友，在借钱时也要对方写下借据，先小人后君子，这样一来，不仅可以避免纠纷，还能保住彼此的友谊。

这绝不是我在危言耸听，因为那项事业之所以能建立起来，就是因为你注入了大量资金，所以，你一定要请会计和律师为你做主。这样的话，你就能有效地控制自己和合伙人的资金了。

咱们的家族事业如今正值蓬勃地发展，如果你执意要去冒这个险，我只希望你和那几个合伙人之间，也能像咱们的家族企业一样勤勉和友爱，并深深地祝福你一切顺利！最后，我还想对你说一句话："不入虎穴，焉得虎子！"

爱你的父亲

智慧启迪

冒险程度往往与收益成正比，这也是为什么失败的几率很大，仍然会有那么多人去冒险的原因。比如，买彩票可以中大奖，但中大奖的人却少之又少，虽然明知道金钱很可能会打水漂，却丝毫抵挡不住人们发财的欲望！你会受这种诱惑的影响吗？在决定冒险之前，一定要让自己的头脑冷静下来，综合考虑多方面因素，以及事情的可行性，做好万全的计划，然后脚踏实地、一步一步地去实施，这样才更有成功的把握！

04 困难是激发潜能的利器：
让暴风雨来得更猛烈些吧

○ 小约翰的心声：亲爱的爸爸，最近在查看损益表时我发现，公司有几种产品一直销量不太好，为此，我做出了一些应对之策，销量却还是没能上去！再这样下去，我真担心这几家工厂会倒闭！亲爱的爸爸，我好烦恼啊，我该怎么办？

亲爱的小约翰：

看你最近好像心事很重。我要告诉你的是，不管发生了什么事，公司的也好，个人的也好，要想把事情处理好，必须有一个良好的心态。你要记住，爸爸永远和你站在一起，如果需要帮忙，我一定义不容辞！

听说公司有几种产品销量不太好，你是不是因为这事而烦恼？其实，我也在担心它们能否在市场上站稳脚。但不管怎样，你一定要保持镇定，我的建议是，先弄清事情发生的原因，以及可能会产生的后果。查看一下损益表，用总收入减去总成本，就可以大概知道损失情况了。我想，收益也许不理想，但应该也不至于很惨吧！

遇到这种情况，你要首先问自己："我们需要为将来做哪些准备？"在这方面，我的失败教训多于成功经验，但我知道该如何度过暴风雨。在我看来，艰难困苦可以磨炼人的意志，这种品质有利于我们顺利渡过逆境。我相信，困难越大，人的潜能越容易被发挥出来。

困难越大，人的潜能越容易被发挥出来

"破釜沉舟"的故事你一定不会感到陌生吧？当一个人被敌人或自己逼得没有退路时，往往会奋力一搏，这样一来，胜算的几率反而会大大增加！所以，不要畏惧困难，尽管大胆地去面对吧。

小/故/事
在逆境中，她变得更强大

舒舒服服地享受了十几年的铁饭碗，突然有一天，她下岗了！更不幸的是，在此之前也下岗的丈夫，突然在一次车祸中失去了一条腿！而此时，儿子刚刚上大学，正是需要钱的时候！她感觉，天似乎一下子塌了下来！她哭过，也绝望过，但日子还得过啊。于是，她擦干眼泪，发誓，一定要撑起这个家！她开始在街边摆摊卖水饺。之前在单位，每次要上台讲话时，她都面红耳赤，说话结结巴巴，为此，总会惹来一阵哄堂大笑。但现在，她胆子突然大了起来，扯开嗓门朝路上的行人大喊："饺子！饺子！刚出锅的饺子！"有时候，她还会编出一些顺口溜来吸引顾客，在人们看来，她一点也不像个新手。而且，由于她做的饺子好吃，许多人都来买，还有人让她把饺子速冻了带回去，她又趁机做起了速冻水饺的生意，最后越做越大，竟然还开起了工厂！

让我们来看一下销量不佳这个问题吧！就目前的情况来说，必须立刻对销售部门进行调整，因为销售额降低，利润下降，所以要先裁减员工，然后重新安排各员工的工作。

现在我们要解决的问题是，根据目前的态势，我们应该如何做出防御，从某种程度上来说，这要考虑公司的成长构造。当我们要制订成长规划时，一般都会考虑固定费用和变动费用。固定费用是必须支付的费用，和销售额无关，包括土地购买、建筑费用、资产消耗、贷款利息等等。变动费用是不固定的，会随着销售额而上下浮动。所以，先要尽可能地降低固定费用。如果土地和建筑不需要，是否可以出租出去？有些

设备是不是可以卖掉？目前的管理人员是否称职？当继续扩大规模时，首先要考虑的就是，有些钱是否能收回？是否容易收回？这是有效的防御方式之一。

伴随年龄的增长，我越来越感到，无论我们在应对问题时多么小心，困难还是在所难免的，人生就是这样。就目前来说，你一定要做好克服困难的心理准备，这样才能确保在竞争中立于不败之地。

🔊 做好迎接困难的准备

一帆风顺只是人们美好的愿望，在现实生活中根本就不存在！企业发展如此，人生亦是如此。知道了这一点，我们就要做好心理准备，逃避不是解决问题的方式，做好迎接困难的准备，才会让我们永远立于不败之地！

在我刚刚开始创业时，眼见每天都有好几家公司倒闭，他们之所以无法坚持下去，就是因为基础不够稳固。鉴于此，我从一开始就实行多元化经营，并一直坚持到现在。这就是我们的分公司为什么会有七种不同形态的原因。也许有人会认为，如果当时我致力于单一的发展道路，那公司现在的规模一定很大，但我却不这么认为。我觉得，多元化经营的安全系数更高，即便一家公司破产，其他公司也不会受到影响。

企业要想长期生存下去，必须做好一个心理准备：当困难来临时，应如何筹措资金？我以前就给你强调过很多次，借的钱只要够花就行，不要太多。如果你借的钱超过了你的还款能力，再碰巧运气不好，就会很麻烦。所以，当困难来临时，你需要筹措多少资金，这点必须尽快确定下来。而且，借的钱也要按期归还。要经常问自己这个问题："如果借了钱，又碰巧发生了不幸的事，导致自己无力还款，这种情况下应如何生存下去？"

因为我们采取的是多元化经营，有时候为了摆脱逆境，需要卖掉一个公司或部分资产，这也是我的一贯做法。你要始终牢记：我们的目的是为了获取更多的利润，而不是改善公司。这个决定会让人感到很痛苦，但却必须这么做。

🔊 多元化经营也是一种策略

鸡蛋放在一个篮子里，永远不如放在多个篮子里更保险，因为，即便有一两个篮子破了，总会有一个好的，所以，任何时候都能确保鸡蛋有完好无缺的！企业的多元化经营也是出于这方面考虑，即便有一两家企业经营失败，自己也不会彻底破产。

克里斯汀·鲍韦曾经说过："在创业之始，我们做出的计划一定要大胆而周全，并坚定地贯彻执行。"如果你想做一件事，就要大胆地计划，并有周全的策略防患于未然。生意场上变幻莫测，你要有应对最坏结果的打算。

爱你的父亲

当暴风雨来临，一些大树会顺势歪向一侧，必要时，它还会舍掉一些树叶，甚至树枝。因为它知道，只要把根深深地扎在土壤中，自己的根本就不会动摇，暴风雨过后，它依然可以笑傲大自然！你有这种气魄吗？有的话，你就无须惧怕任何暴风雨！我们的一生，难免会遇到一些困难，但困难也往往是激发我们潜能的有利武器，所以，既然无法避免，那就让困难的暴风雨来得更猛烈些吧！

05 紧紧围绕核心竞争力：用你特有的东西去竞争

> ◎ 小约翰的心声：亲爱的爸爸，通过对我们公司和竞争对手的观察，我发现他们总能接到比我们多的订单，我对其中的原因进行了深入探究，终于我到了差距的原因：在产品种类方面，他们的更丰富！我想，市场竞争这么激烈，我们也得拓展一下自己的事业啊！对此，我写了一份关于我们公司拓展事业的方案，您看一下，我的建议是否可以采纳？

亲爱的小约翰：

　　但凡有点雄心壮志的人，都渴望自己的事业能不断发展壮大，对于你这样一个有着远大抱负的年轻人来说，这种愿望更加强烈。所以，对于你想拓展自己事业的想法，我完全可以理解，也很佩服你的胆量和勇气。但我想提醒你一下，在开始任何一项新的计划之前，你最好先制订一个切实可行而又稳妥完善的方案。

　　你拓展事业的方案我还没看完，你大刀阔斧的改革方案就已经让我激动不已。虽然你到这个行业才只有三年时间，却设计了一个这么有魄力的大计划！我知道，为了公司的发展，你在努力创新，不过很可惜，对于你设计这项计划的依据，以及你设计这项计划的动机，我还不是很了解。因为，我们公司现有的业务开发尚未达到最大化，只是开发了绝大部分的业务量而已。所以就目前来说，我们的事业还没有发展到必须通过扩大规模才能实现利润最大化的程度。在过去，虽然我们的生产效率和平时相比，也达到过120%，但在我的记忆中，在全力以赴去推销的情况下，你似乎也只有两次达到这种程度。

🔊 雄心壮志要有一定基础

"不想当将军的士兵不是好士兵"，年轻人有远大的理想和抱负是一件值得鼓励的事，但是，再宏伟的建筑也要一砖一瓦去建造。追逐梦想也是一样。只有充分了解自己所面临的处境和自身所具备的能力，才能做出最切合实际的判断。

我们的竞争对手总能接到比我们多得多的订单，在你看来，这是因为，他们拥有的许多设备我们都没有。关于这个问题，我不想跟你争论，但我对那家公司还是多少了解一些的，在此，我想发表一下我的看法：首先，他们之所以能提供一些我们没有的服务，是因为我们两家的经营方式不一样。不是我们不能提供那样的服务，而是我们不想尝试那样的包装。要想获得更多的订单，首先就得能开发大量的订单，否则，公司只会亏损。所以，对于竞争对手通过购买设备和增加投入的方式来生产那些特制产品的做法，我从来不感到羡慕。因为在我看来，不管他们现在的销售量有多高，要想进一步提高销量，却是难上加难。不管怎么说，顾客在购买我们的产品之前，已经对市场上各种包装仔细比较过了，就目前来说，我们能够生产出四分之三的产品，这种效率在商业领域已经算是很高的了。

小/故/事
专注带来大成就

大卫·赛德勒小时候曾患有严重的口吃。后来他得知，国王乔治六世以前也曾经和自己一样，他听着广播里国王精彩的演说，突然对自己克服口吃充满了希望。经过长期不懈的努力，他的口吃终于痊愈了！他从这件事中知道了，不管做什么，只要自己专注去做了，一定可以做好！

成年后，喜欢文学的大卫开始了编剧生涯，但他费尽心机写的剧本，在世人看来，却总是平平淡淡！冥思苦想之后，他想起了自己儿时的经历，于是，他决心以国王乔治六世为主人公，精心编写一部最好的作品。为此，他花费了28年时间，一遍又一遍地修改，终于，他的剧本被搬上了荧屏，他也终于站在了奥斯卡颁奖典礼的最高处！那一刻，他体会到了上天对他专注的奖赏！

这几年，我们公司的业绩每年都以30%的速率增长着，所以，我们已经很尽力了。作为一位企业家，有一定程度的野心很必要，因为这是发挥他才能的战场，可一旦让雄心变成了贪心，结果可能会付出惨重的代价！

考虑到各种因素，我们目前只能以这种速度前进。虽然在你看来，我太过保守和懦弱，但我希望你能暂且抛开销售的立场，站在一位董事长的角度，冷静下来，设身处地地考虑一下我们可能面临的问题。即便我们能保持现有的增长速度，要购置一些新的设备来扩大公司规模，就需要向银行大量借贷，搞不好连我们赚的钱也要搭进去！试想，要是咱们在银行的贷款逐年递增，我们还能在商场上站稳脚跟吗？这还不算，要想偿还银行贷款和利息，我们起码也要花费几年时间吧？所以我建议你，还是在销售部门继续虚心学习和历练吧，力求让自己的能力更上一层楼，千万不要松懈下来。

◀)) 别让雄心变贪心

雄心壮志可以激发一个人的积极进取心，但如果变得贪得无厌，就容易进入盲目追求速度和数量的境地，本来发展得好好的事业，可能因此全部赔进去！这种代价是巨大的。所以，还是保持一定的雄心，脚踏实地、一步一个脚印地去做吧！

即便我们能克服这些障碍，筹措到足够的资金，但为了确保产品质量不至于下降，我们仍然要考虑另一个问题——培训新员工。不知道你是否还记得，在你进公司的第一天，咱们曾经有过一次谈话。在那次谈话中，我告诉你，公司能否成功，涉及许多因素，其中最主要的就是，公司必须有协调工作的人、机械操作工、领班和干练的普通员工。不管缺少了哪一项，咱们很快就会沦落到身无分文的地步。

去年，我们公司的员工又增加了15%，而这些新来的员工，大多数是第一次从事这样的工作。在我们这一行，有工作经验的并不多，所以，对于那些以各种理由辞去原来工作，跳槽到我们公司来的人，一定要提高警惕，防止他们搞什么破坏。假如有些人是因为受不了我们竞争对手的压榨才不得不辞去原来的工作，来到我们这儿，那他们不应该只有那么几个人！所以，他们很可能是因为某种原因，在原来公司待不下去了才离开。但不管怎样，对于新招聘来的员工，我们要从一开始就按照我们的方式去培训，要知道，要想改变一个人的经验和习惯不是一件容易的事，为此要付出极其昂贵的成本。

事实上，扩大公司规模和从头做起几乎没什么区别。因为，扩大规模后的公司要尽快步入正轨，在这个过程中，需要发掘新的客户资源。同时，由于公司规模扩大，支出费用也相应增加，并由此产生了许多其他问题，这一切的费用，必须由扩大规模后赚取的利润来支撑。许多企业家为了降低公司风险，采取稳中求胜的方式。而要做到这一点，必须能克制自己不断膨胀的野心，并坚持"不要贪得无厌"的原则。

但许多企业家却因为不懂得这个道理，盲目扩张自己的事业，最后落得一败涂地。或许你会对此感到奇怪，但不管怎么说，很少有人能够再造辉煌，因为他们缺乏足够的魄力、忍耐力和资金。无法再贷到更多的资金，这也许正是银行对那些倒霉蛋们判断力的警告吧！

在我看来，贯彻公司一贯的方针，既不为难自己，也能让银行放心地给自己发放贷款，保持这种增长速度就很好。你知道，我并不是一个胆小怕事的人，但如果只是为了在某方面超过竞争对手，而盲目扩大自己的事业，这么做就太冒险了。如果人家有什么，我们也要有什么，并且还要超过他们，那我们只能永远跟在人家屁股后面！所以，要想在竞争中取胜，我们就要用自己特有的产品，从竞争对手中抢夺市场，而当市场真被我们占领时，我们也能很快完成新到的订单。

🔊 用自己的特色竞争

世界上没有两片相同的树叶，但每片树叶都有它的可爱之处！所以，在与他人的竞争过程中，我们不要把注意力放在别人有而我们没有的东西上，而要用我们的特色去竞争。别人跳舞跳得好，我们可以在画画上超越他！别人唱歌唱得好，我们可以在书法上超越他！

亲爱的儿子，试着将你在销售方面的创新转向这个方向吧！如果你能签来订单，我会高兴得天天加班，努力完成你所有的订单，并按期交货。我敢保证，生产部门也会按期交给你高质量的产品，保证你的新客户满意，帮你留住他们。这样的话，我们只要维持现在80%～90%的生产能力就完全可以应付了。

年轻人就应该不断创新，我也希望能不断听到你的创意。但你提出要让公司以现有水平的120%的速度前进，对此，我不表示反对，我只希望公司这辆列车在前进的过程中能够畅通无阻，千万别出现任何差池，否则后果将不堪设想。

爱你的父亲

智慧启迪

每个人都渴望成功，但成功不是一蹴而就的。有积极进取的心态固然值得肯定，但快速的进步必须以稳固的基础和完善的行动为前提，所以，在做出一个决定之前，不妨先审视一下自身的情况，以便做出更客观、更理性的判断，将失误的风险降到最低。切记：过犹不及！一时的逞强，只会给我们带来难以挽回的损失！

06 年轻就是资本，就是力量：
勇于接受人生的考验

○ 小约翰的心声：亲爱的爸爸，在最近行业协会选举会长的过程中，我成功地当选为会长！这可是我期盼已久的职位呀！本来以为还要再等几年，没想到这个愿望这么快就实现了！不过静下心来想想，我还是有点担心，跟历任会长们相比，我的年龄要小很多，而且，公司也有一大摊子事等着我去处理，我能做好这个工作吗？

亲爱的小约翰：

得知你当选为行业协会会长，我非常高兴，祝贺你！这么年轻就能从那么多优秀的会员中脱颖而出，充分说明了你卓越的才能，对此，我感到无比的自豪！对你来说，这是无上的荣耀，想必你也一定很高兴吧？可你似乎还在忧心什么。

其实这很正常。这么年轻就要担负起领导这样一个团队的重任，难免会让人感到不安。但我想告诉你，虽然前任会长在年龄上比你大很多，但这并不代表你的能力不如他。事实上，在历任会长中，许多人根本就不具备做会长的资格，只是碍于人情而被推选出来。所以，在他们做会长期间，不可避免地做出了一些不利于行业发展的事。就目前来说，你在公司身居要职，本来在公司的工作量就够大的了，公司的任何事你都要小心谨慎。但你也不要因为自己年龄的问题而担心，关键是你在这个职位上能积累到一份难得的经验。其实，越年轻反而越容易开展工作，因为年轻就是资本，就是力量！这正是对你能否承担繁重工作任务的考验，我相信你一定可以，因为你有充沛的精力和顽强的意志，在这方面，可能许多人都不如你呢！

🔊 年龄不是问题

人们常说"姜还是老的辣"，是说随着年龄的增长，人们的经验和阅历会越来越丰富。但如果你想让自己也"辣"起来，不敢去尝试，如何积累经验，增加阅历？在此，送你一句话：后生可畏！只要积极进取，认真做事，年轻人也照样可以做出一番成就！

 小/故/事

历史上年龄最小的宰相

战国末年秦国的甘罗是历史上年龄最小的宰相，他13岁便被封为宰相。这可是他凭自己的真本事挣来的！

有一次，国王把他的父亲找去，对他说："最近寡人身体有点不适，大夫告诉我，必须吃三枚公鸡下的鸡蛋方可痊愈，限你三日之内帮寡人找来，否则，你就以死谢罪吧！"小甘罗的父亲知道这是国王在有意为难他，他愁眉不展地回到家里。小甘罗看到后，就问父亲怎么了。父亲把事情的经过告诉了他。小甘罗想了想，说："爸爸，您别着急，到时候孩儿去为您交差！"

三天之后，小甘罗来到国王面前，对他说："启禀国王，今天早上，我父亲生了一个小孩，特意差我来给他告假！"国王一听，这小毛孩竟然跑来骗自己，就怒气冲冲地对他说："胡说！男人怎么能生孩子？！"小甘罗马上说："对呀，男人怎么能生孩子？公鸡怎么能下蛋？"国王见甘罗小小年纪就这么有胆有识，想起之前听人们夸赞这个孩子的事，于是，当场封他为宰相！

有人说，领袖天生就具备领导才能。这样的事例的确不少。但是你也要知道，许多人之所以能成为领导者，是通过不断的学习做到的。你要相信，只要你肯学习，你也可以成为会计、医生、护士，只要你愿意，你甚至可以成为印第安酋长！

要想成为一位杰出的领导者，必须能让下属畅所欲言，还要和每个人建立起亲密友好的关系，让下属心甘情愿地协助你的工作。你还必须

凭借你超群的思维，制订出切实可行的方案，选择可靠而有创新精神的人来协助你，在这个过程中，一定要选出重要的合作伙伴。此外，在解决问题时也要善于抓重点，你可以先把所有问题都罗列出来，并注明其产生的背景。在最短的时间内，把有关人员集中起来，对问题进行深入而彻底的研究。这样，原本含糊不清的问题，就会在会后变得清晰起来，进而帮助你整理出一套战略性的想法。用不了多长时间，你就可以根据事情的轻重缓急做出判断了。

准备工作完成后，你就要带领大家以坚定的态度来执行了。在计划的实施过程中，要根据事情的重要程度依次安排，并挑选最合适的人去执行这一计划。此外，最好设置一个特别委员会，这一点也很重要。如果你没有意识到这个问题，或者忽略了，那你一定会遭遇失败。

特别委员会中，委员长的职位很关键。许多人都想得到这一职位，但却并不是每个人都能胜任。再优秀的人也可能会有失误，但我们不能因为这一点，就像预防疾病一样预防错误的发生。当你知道自己已经错了时，及时纠正就可以。假如有人以工作忙为借口而没有完成行业协会的工作，那你就可以直言不讳地告诉他，并找个合适的机会免去他的职务。当然了，如果他能自动辞职，那再好不过了。在组建委员会的过程中，你要首先考虑对方的工作经验。如果你恰好选择了富有经验的人，而又能对他们委以适当的职务，那你在开展工作时将会非常顺利。而当你遇到困难时，他们也会及时给予你帮助。但你一定要记住，话不在多，在你说出每一句话之前，最好先经过深思熟虑。属于你职责范围内的事，一定要坚决执行，这样一来，你不但不会输给别人，反而会成为别人追随的对象。

◀)) 犯错并不可怕

犯错并不可怕，可怕的是犯错后却不自知，或者即便知道自己错了，却为了面子而不去纠正，甚至一错再错！有句话叫作"人非圣贤，孰能无过"，即便圣贤也有失误的时候！关键是要勇敢面对，并将其作为积累经验的一次机会。

在今后的工作中，你一定还会遇到许多难题，也许你在遇到这些问题时，会考虑把事情交给查理，或者弗里特，或者乔治去做，但我劝你趁早打消这种想法，问题的解决需要大家共同努力。但你也要明确每个人的职责范围，即便困难再大，自己职责范围内的事情一定要自己去做，千万别推卸给特别委员会的委员长。刚才我也说过，在解决问题时要善于抓住重点，全面而深入地分析每一个问题，并最终由你做出决定。有时候，你的意见可能与别人的意见相左，尽管这种情况会让人感到尴尬，但这也正是你作为一个有责任心的领导者必须面对的。

有时候你还会遭受极其严重的挫折，但你千万别因此而一蹶不振，你要知道，这恰恰是你快速积累经验的最好时机，一帆风顺的人永远也收获不到这种经验。也许你会觉得，当着这么多人的面遭受了失败，这事让你感到无地自容，甚至想到辞职不干，继续去做一名普通会员。但这恰恰是考验一个领导者的时候，在面对成功与失败时，是否有勇气坚持下去？在遇到挫折时，我们首先要做的就是找出失败的原因，客观地陈述事实；其次，要做一个敢于担当的人，不能因为偶尔的一次失败就把自己锁在房间里，更不能因此而消沉下去。要知道，一个领导者绝不应乞求别人的同情，所以，你千万别丧失了前进的动力，在失败面前，要继续竭尽所能地推行你的计划，这才是一个杰出领导者应该做的。

🔊 不要惧怕失败

有的人在经历一两次的失败后就开始变得一蹶不振，但你要知道，人都是在错误、失败和挫折中成长起来的！所以，关键不是要关注这次失败给你带来了哪些损失，而是反思自己这次为什么失败，从而避免以后再犯类似的错误。

如果你想让别人把你当作一个领导，你就要让这个团队按照你的意志去行动。但一定要记住，领导者必须以身作则，别人才能跟着你一起行动起来，你的行为对团队其他成员能力的发挥具有决定性的作用。

每个问题都具有多面性，所以你要多倾听。每个人对问题的看法都不够全面，所以你要是封闭自己的思想，堵塞自己的耳朵，先入为主地对事情的结果进行判断，那你就别指望自己会成为一位优秀的会长。作为一名领导者，你必须公平、公正地处理好会员的每一个提案。这就要求你必须先对事情进行全面了解，然后再果断地做出判断。作为一名领导者，你还要有足够的耐心去参加各种会议，仔细发问，以便做出更明智的决策。在遇到困难时，也要勇往直前，奋力拼搏，这样你在决策的时候就能体会到一种成就感。即便情况有变，你也要勇于改变，并始终充满信心。这些都是一位杰出领导者必须具备的素质。

> ◀》敞开思想，张开耳朵
>
> 　　我们已经知道第一印象的重要性，所以可以利用这个心理效应去影响别人，提高自身形象，但我们自己可千万别受第一印象的影响！要知道，一次考试还不能完全看出一个人的能力呢，要想对一个人、一件事有一个客观、公正的判断，就要敞开自己的思想，张开自己的耳朵，多听，多想。

　　担任会长后，你的私人时间会越来越少，很显然，这会对你的家庭产生影响，所以我建议你，还是带你的妻子一起外出用晚餐，顺便给她解释一下你现在的情况吧。另外，朋友的赞赏的确让人感到高兴，但是当你遇到困难并最终赢得胜利后，那种成就感会让你觉得更有意义。

　　判断你做会长成功与否的标志很简单，就是看当你卸任以后，你所推行的政策，是否还在被你的继任者推行。

　　此外，如果你的同事们总是不住地赞美你的能力，你一定要谦逊地对他们表示感谢。因为，在接受别人赞美的时候，往往能表现出一个人的人格。

　　现在，你把大部分精力都用在了公司事务上，同时还为协会义务做了大量工作。当你卸任会长，重新做回董事长职位的时候，我敢打赌，到时候即便给你增加20%的工资，也一定难掩你的失落感。因为，你在担任会长期间所获得的经验、所掌握的信息处理方式、积累的人脉以及对整个行业获得的认知，都是无法用金钱买到的宝贵财富，其意义不是金钱所能企及的。另外，担任会长带给你的成就感，也是从事董事长工作所无法获得的。

爱你的父亲

智慧启迪

新学期一开始，老师点名你做了班长。对此，你非常兴奋，班长这个职位，以前只在你的梦里出现过，但现在却成为了现实！但你同时又有点担心，自己一点经验也没有，能把这个班长做好吗？同学们会听自己的吗？那你有没有意识到：这就是一次积累经验的绝好时机啊！所以一定要把握住。另外，不要总去考虑自己的弱势，关键是你要有做一个好班长的打算！

07 肩负起属于自己的责任：
在人生的舞台上演绎精彩人生

> 小约翰的心声：亲爱的爸爸，您干吗这么早就退休啊？公司还需要您呢！我也还想继续跟在您身边学习呢！最起码，您可以以普通员工的身份留下来，看着咱们的家族企业，如何在我手里发展壮大啊。如果我哪里做的不好，您还可以及时帮我指出来。亲爱的爸爸，我恳请您，为了咱们的公司，留下来吧！

亲爱的小约翰：

谢谢你对我的挽留，但我还是要抱歉地对你说："我该退休了！"现在，我把这个企业留给你，让你施展自己的才华吧！我知道你的挽留是为了我好，你建议我以员工的身份继续留在公司，实际上是想让我继续参与公司管理。亲爱的儿子，每个人都有自尊心，爸爸也不例外。很高兴你能提出这样的建议，但就我目前看到的公司计划来看，未来的发展目标已经很明晰了，并且计划也很成熟，所以，不管是眼下还是将来，这个主意都不是很好。

一下子把这么大个公司交给你来管理，对你来说，也许责任太大了，因为不管对谁来说，要想实现公司继续发展，都是颇费脑筋的事。对于家族企业的繁荣与兴盛来说，也是这样。管理者们一直在致力于各种事情的处理，尤其是那些关乎企业发展和壮大的事，否则，我们的企业怎么会有今天这样骄人的成就呢？

许多家族企业，由于管理者愚蠢的决策，最终让企业陷入绝境。其实，这种情况的发生，都是因为管理者犯了这样两个致命的错误：

第一，他们自高自大，自以为是，似乎天底下再也找不出比他更厉害的人了，要么就是急功近利。在他们看来，企业在自己的管理下，一定可以长盛不衰。许多人走路已经颤颤巍巍，连今天是星期几都记不住了，却还在自吹自擂，说自己是最有才华的企业家，这实在是一种悲哀！

但他们的这种顽固和坚韧也不是没有好处，正是在这种精神的支撑下，他们才克服重重难关，建立起自己的事业大厦，但这种好强的个性却最终成了阻碍企业发展和存在下去的绊脚石，我可不希望自己也成为这样的人！

🔊 做人要有自知之明

在现实生活中，有些人自以为什么都会，却什么也做不来；有的人谈论起来头头是道，做起来却不知道从哪里入手；有的人有鸿鹄之志，当给他提供施展才能的空间时，却让人很失望。他们的失败，都是因为缺乏自知之明。

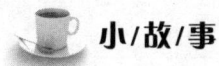

小/故/事

人贵有自知之明

邹忌是战国时候齐国的一位大臣，他长得又高又帅。有一次，他听说住在同一座城市的徐公也是一位美男子。这天早上，他穿戴整齐后，又在镜子前陶醉一番，然后转身问身旁的妻子："你看，和徐公比起来，我和他谁更帅一些？"妻子微笑着走上前去，说："当然是您更帅了！徐公哪能跟您比呢？"邹忌有点不太相信，他又去问小妾，小妾也说："当然是大人您更帅了！徐公怎么能和您比呢？"不一会儿，一位客人来访，邹忌又问客人："您看，我和徐公相比，谁更帅？"客人毫不犹豫地回答说："当然是您了，您比徐公帅多了！"

连续三个人说自己比徐公帅，放在别人身上，早就洋洋得意起来了，但邹忌没有。过了几天，恰巧徐公有事来访，他一进门，邹忌一下子就被他器宇轩昂的气势给镇住了！他知道，跟徐公比起来，自己差远了！所以，即便周围的人再怎么恭维我们，一定要时刻有自知之明，不要失去自我！

第二，企业创办起来后，创始人却一直把持着手中的权力，担心继承人管理不好，不肯放权，导致继承者无法真正地接管公司。继承者已经决定了的事，他们也要指手画脚地说上一通，以至于本来一个很好的计划，却在他的掺和下变得乱七八糟。因为每个人都有自己的思想，如果谁都想做决定，结果将会非常悲惨。

其实，很多家族企业的继承者都很有才能，却一直没有发挥才能的平台，以至于许多家族企业深陷窘境，甚至破产，有的甚至在创始人在位时就被拍卖！眼看着辛辛苦苦建立起的事业大厦，因为自己的管理和经营不当，伴随自己一起消逝，实在是叫人痛心！

现在，我把企业交给你，让你来管理，就是为了避免这种情况的发生，并让我们的企业在世界经济的大潮下永存下去，避免被其他公司并购或破产。因为，我们辛辛苦苦建立起的事业，一定要顺利地传承下去。

📢 该放手时就放手

如果一位国家领导人该退位时不退位，直到死后他的位置才被继承人所继承，那么会出现什么情况？你一定会想到，那和封建社会的帝王有什么区别！就是因为这样，每一个朝代都是经历短暂的繁荣和强盛之后，又快速地衰落下去，直到被另一个朝代取代！

在企业管理方面，资金的多寡影响着企业规模能否扩大，也是提高企业竞争力的一个主要因素，所以，为了企业的稳定发展，为了企业规模的不断扩大，必须将资金管理提上新的日程。这是确保我们企业得以继续发展，在全国民营企业中站稳脚跟的基础。

我的退休，主要是出于企业发展的考虑，企业的发展，离不开先进的管理理念和创新，只有这样，才能在平稳中实现企业的发展和壮大。在企业中，你是我的继承人，虽然或多或少考虑到了血缘关系，但这个位置，基本上还是你靠自己的努力和实力争取来的。对于你的工作，我不想指手画脚，而且，我也不希望将来在我的墓碑上会有这种事情的记载，尤其是随着我退休日的临近，我的这种感觉越来越强烈。现在，经过多年的努力，你在各方面都成为了一把手，也到了你该收获的时候了。多年来，我一直努力让你实现独立自主，现在，这种思想已经在你心里牢牢生根，并成为了你性格的一部分，如果我再继续对你指手画脚，那你怎么施展自己的才华呢？

📢 抓住施展才华的机会

如果有人把一项重要任务交给你去做，你一定不要退缩，因为这是一个难得的机会。在这个机会中，你可以尽情施展自己的才华，错过了这次，要想再找这样的机会，恐怕就会很难了，所以，当机会来临时，一定要抓住哦！

在我退休之前，我已经在你身边安排了一些金融、法律和财务方面的优秀人才，如果你以后在工作中遇到困难，他们会在各自的领域给你提出具有建设性的意见，不过，可是要收费的哦！当你有需要时，他们就会对你伸出援助之手，他们对你的关心，并不是为了金钱，而是出于对公司成长的关心，所以，你一定要和他们处好关系，因为他们和公司的发展密切相关。如果你能和他们以及公司的董事们处好关系，他们就会成为你的保护神。如果你能设法调动他们的积极性，即便你遇到的困难再大，凭他们丰富的经验和卓越的才能，一定能帮你顺利渡过难关。但是，能否运用这个无价的团队，就要看你的了。如果没有他们的帮助，那我可以肯定地说，你一定会在财务方面遭受损失！而且，没准比我想象得还要惨！

我已经老了，随时都会长眠不起，出于这方面考虑，我把公司的领导权交给你。如果真到了那一天，家庭和公司的重担，将会全部落在你身上，而且，各方面压力可能会一齐向你涌来，对此，你必须有个心理准备。比如，在我去世的第一年，每一个人都会想："大老板死了，公司发展会不会受到影响？"和我们来往的银行、客户、公司员工、你的朋友，甚至我们的竞争对手，目光全都盯在了你身上！此时的公司，牵涉到诸多厉害关系，银行担心他们的贷款，员工关心自己的工作，客户关心我们提供的商品和服务质量，在这关键时刻，哪怕你轻声地打个嗝儿，主要领导可能就会辞职，即便银行不会因我的死亡中止贷款，却很可能会减少贷款数额。

公司的管理离不开自信，但自信的表现一定要巧妙、恰当，不能让客户和竞争对手一眼就看透了你。比如在我死后，你可以对其他人说："父亲的离开，对我个人来说，是一件悲哀，但对公司发展却不会产生任何影响。这10年来（当然了，如果有幸让你说成20年，我会更高兴），父亲一直很少过问公司的事，事实上，一直是我在管理公司。"如果你能这么说，我会感到很欣慰，而且，当其他人听到你这么说时，一定也可以打消他们的疑虑和担心了。

🔊 巧妙地表达自信

骤然被老师任命为班长，你是不是担心同学们对你的能力不太信任？那你就要用自信去打消大家的疑虑，让他们知道，虽然没有做过班长，但你做过其他的班干部，有足够的能力担当这个职位。

日后，我们一定还会有很多相处的时间，我会和你一起讨论政治、宗教等方面问题，关于公司的管理，我不想干涉。另外，在以后的社交场合，我难免会遇到你的朋友，他们一定会给我讲一些你工作的情况，许多亲戚朋友就跟我说过，你很像我。如果某一天，他们用埃德蒙·巴克的话来评价你："哪里是像父亲，简直就是一个人！"听到这话，我一定会高兴得忘乎所以。

我已经奋斗了这么多年的事业，为什么要撒手不管呢？原因有很多：第一，在过去的20年里，你妈妈为了我，只享受过两次渡假，我现在要改写这个记录。第二，那个花园已经被我遗忘多时，是时候好好照料一下了。第三，我想去湖边垂钓，打猎。

此外，我想继续我的旅行生涯，这个国家太美丽了，我一定要好好看看！不过别担心，我身边还有一位副驾驶呢，但他为了保住我这个难得的客户，只好听从我的安排，让位了！

最后，我还有52本书一直想看，却一直没时间看，这其中有一套丛书《文明的故事》，一共有10本。我一定要抓紧时间，把它们全部读完。我还想研究一些历史和哲学问题，这些我以前还没有接触过。

🔊 做自己该做的事

不要总是得陇望蜀，这山看着那山高，而要脚踏实地、尽心尽力地去做自己该做的事，只要用心去做了，你会发现，原来生活中有这么多的乐趣！就像摩根老年之后，卸下肩上的重担，去享受自己的生活一样。

所以，以后的日子够我享受了！另外还有一条格言，以前跟你说过很多，不知道这是第几条了：

出席宴会时要遵守礼节，我们的人生也要遵守礼节。当美味传到你这里时，记得伸手去接。对待美味如此，对妻子、孩子、财富、地位也应该如此。

这段话出自公元120年的艾皮梯多斯，他活了70岁，也许他一生都在研究学问和从事教育活动，这是他完美人生的总结，很值得我们深思。

我不相信人可以轮回，但如果真的可以的话，我希望能做你的小约翰，因为你是一位好父亲，做你的儿子，一定可以演绎精彩的人生！（这些话你可以刻在我的墓碑上。）

把我的爱全部献给你！

爱你的父亲

班主任交给你们这些学习好的学生一项任务，每个人带一个学习差的学生，尽快帮他们把成绩赶上来。这件事，你是高兴地接下来？还是委婉地推脱掉？抑或不情愿地接下来？我想，你还是高兴地接下来吧！因为，你不是一直想做老师吗？作为一名老师，是不能丢掉任何一个学生的哦！能够让所有学生实现共同进步，才是一个合格的老师。那么，就把这当作一次锻炼自己的机会吧！和这个学生好好接触一下，了解他成绩落后的原因，然后有针对性地去帮助他，相信他一定可以快速取得进步，在这个过程中，你也会收获一种成就感！

作为领导，你要能够接受别人的意见。如果你认为员工一直在说废话，那你们的谈话只能就此打住；但如果你觉得他们说得很有道理，下属就在无形中受到鼓励，他们就会不断地给你提出有利建议，从而有助于你及时纠正错误，防止出现失误。要知道，即便是再不起眼的员工，他的建议有时候也会让我们突发灵感，产生一个更有创意的想法，也许，这刚好就是你所需要的，虽然事情不大，但却可能对我们事业的成败起到决定性作用。

——摩根

第二章

塑造最完美的企业家形象

08 从关注细节开始：全面塑造优秀企业家形象

○ 小约翰的心声：爸爸，您总是对我说，希望我能成为一位优秀的企业家，虽然知道企业家的目的是为了创造财富，追求利润，但我心里还是有些疑问：为了创造财富，企业家需要如何去发现商机？有的企业家，在做一项决定的时候，看起来似乎一点依据都没有，但最后仍然获得了成功！这是为什么？为什么我们在做出某项决定时，周围的人都会纷纷站出来反对，甚至在背后嘲笑？亲爱的爸爸，您能告诉我，这都是为什么吗？

亲爱的小约翰：

前段时间我们曾经有过一次谈话，非常有趣，现在想想，我仍然兴致盎然。我还想再和你探讨一下这个问题。上周我们在纽约参加丹尼尔的晚餐前，你曾经就企业家这个话题提出了种种疑问，这些疑问都很在理，要想做出一个完美的答复，一时还真有点困难。现在，我想给你讲一下我的一个企业家朋友的故事。

那是我从普莱斯·瓦特豪斯公司辞掉会计师职务的前几年，当时，由于妻子的介绍，我认识了约翰·博特先生，当时他50岁，我28岁。在和他认识之前，我就在社交场合多次见过他，并被他的魅力所吸引，因为在我看来，他具有企业家的智慧。

有的人并不是一直在工作，而是当手里金钱不足时才开始工作，约翰·博特就是这样的人。但他具有丰富的知识和过人的智慧，他充分发挥自己的潜能，设计了许多新产品，而且，他的广告宣传方式也很新颖。我们相识时，正是他暂停工作的时候，当时，他手里的金钱已经不多了。

在我决定探视企业界的另一面时，我不只关注结果，更以销售的眼光观察。所以当我和他相识之后，我就立刻询问他下次出现的时间，以便和他进一步接触，他告诉了我。不知道是我茶褐色的眼睛吸引了他，还是我的笑脸让他感兴趣，要不然，他怎么会接受我这个缺乏经验的年轻小伙呢！是不是还有什么其他原因，我实在想象不出。因为在当时，他身边总是围绕着许多才智很高的年轻人，但他还是选择了我，或许是他觉得我更适合他吧！

约翰的洞察力世间罕有，他不会放过身边任何一个小细节。那天早上，我们在蒙特利尔一个繁华地段的餐厅用早餐，他的这种能力一下子征服了我。当时，我们坐在窗边，窗外人来车往，有人在急匆匆地走着，有人则争先恐后地去挤公交车。望着马路上这些拥挤的上班族，约翰对我说："人们平时就这样为工作忙碌着，等发了工资，又开始忙着找花钱的地方了。所以，如果我们能给他们提供更舒适的服务或产品，也就是说，帮他们找到花钱的另一种途径，一定可以做出一番事业！"这段话让我深受启发，事业的成功，总是属于那些能给人们提供更好服务和商品的人，即便是一件不起眼的小东西！

🔊 **不放过任何一个小细节**

要想成就一番事业，不一定非得有大目标，只要关注我们身边的每一个细节，从细节中去发现机会，并抓住一点，认真地做下去，照样可以成功！一个耳钉、一个戒指，东西不大吧，但它们成就了多少人的财富梦想！

在他的启发下，我开始投身企业界，开始了创造财富的时代。几年之后，当约翰去世时，我已经拥有了成熟的经验，能力也得到大幅度提升，企业家必需的基本素质我都有了。他去世以后，我们一起开创的企业，由他的继承人继承。当时，我手里的资金完全可以把企业买下来，并保证企业继续经营，但我没有那么做。在同龄的企业家中，我的反应不是最快的，我的才智也不是最高的，但我受到约翰独到的见解启发，再加上我坚持不懈的努力，终于拥有了自己的企业，虽然很小。

在此之前，为了拿到会计师资格证，我努力了整整10年，如果我继续下去，资历会越来越高，在同行业中也会越来越吃香，但我却放弃了，我去了约翰·博特公司，年收入只有14万美元。当时，许多人都对我的决定感到不解，现在想起来，当时人们的反应还历历在目。尤其是我在拒绝几家大公司的聘请时，在他们看来，我真是疯了！时至今日，博特公司的年收益已经高达2500万美元，可见，我当初的决定是多么明智！

你知道"企业家（entrepreneur）"这个词是什么意思吗？它是由法文"enrte-prendre"演变出来的，本身就包含"企图完成什么"的意思。《牛津辞典》则指出，它"介于劳动阶层和资本阶层之间"。所以，从某种程度上来说，企业家就是要不停地去创造。

企业家必须具有超常的想象力，任何事情在他看来，都是可以解决的，都能找到答案，并且，他的思维总是别出心裁，即便大家都在用一种方法来解决同样的问题，他也会找出新的解决方法，正因为他们的思维没有被标准模式束缚住，所以才更容易成功。

当出现一种新事物时，企业家必须勇于尝试。如果还没开始就想如果失败了怎么办，或者一门心思只想成功，都是不健全的想法，不利于事业发展。在这个世界上，许多人都比我们更优秀，如果因为自卑而不敢与人竞争，逃避失败，世界怎么会如此多姿多彩！

企业家还要善于观察人性。仔细观察你就会发现，快餐连锁店之所以能成功，就在于将汉堡包商品化了。百货连锁店之所以成功，也是因为扩大了杂货店的规模和范围！

平时要多思考，并听取别人的想法，许多时候，企业家所采取的策略，并不是他自己想出来的。在这个世界上，有聪明才智的人很多，绝妙的主意也经常会闪现，但却很少有人把它们转化成商品，但企业家却可以！从思想萌芽的那一刻起，他就能迅速行动起来，在极短的时间内就把它们送到消费者面前，速度之快是许多人难以现象的！这就是企业家的特质：喜欢自我创业。

🔊 捕捉他人思想的火花

要想做点什么，除了要自己去想、自己去发现之外，我们还可以从周围人的话语中去捕捉他们思想的火花。有些人有不少好点子，却意识不到，或者即便意识到了，也畏首畏尾地不敢去尝试，但只要你勇敢地去尝试，把他们的想法变成行动，你就是成功者！

许多人都拥有一些绝妙的点子，但却无法将其转化为生产力。下面这个故事很有典型性，我经常给别人讲，现在讲给你听，希望可以对你有所启发：

一位老人在纽约郊外开有一家热狗店。老人在门前竖起一块大大的广告牌，上面写着："全国第一热狗"。来来往往的人们，很远就能看到，许多来往车辆被吸引了来，想看看这"全国第一热狗"到底有多好吃！顾客一出现在门前，老人就走出来迎接，亲切的笑容，热情的态度，再加上老人的一句话："可别说您只吃一个，尝两个吧！这东西简直太好吃了！"听老人这么说，顾客们往往会忍不住按他说的去做，买上两个，品尝后又赞不绝口。所以，老人的热狗远近闻名，生意非常兴隆。

刚刚从炉子里拿出来的黄澄澄的面包，配上香脆可口的泡菜、风味独特的芥末、火候恰到好处的洋葱，再由一脸亲切笑容的服务生双手奉上，顾客们总是品尝之后赞叹道："我从来没吃过这么好吃的热狗！"当顾客要走时，老人又亲自送他们到车前，并微笑着向他们道别，同时，又不忘加上一句："欢迎再次光临！我的热狗离不开你们的支持，店内年轻的服务生们也要赚取学费。"亲切的服务，吸引着顾客一次又一次前来，并不断介绍新的顾客前来。

🔊 巧用心理暗示

在日常生活中，心理暗示往往会对一个人产生重要影响。孩子在做一件事之前，有点犹豫，但妈妈对他说："我最了解你了，这事对你来说根本就不是问题，你尽管去做好了！"于是，你就真的成功了。所以，有时候我们不妨也给自己来点积极暗示。

老人有个儿子在哈佛大学学习管理学，并取得了经济学博士学位。有一天，他回来看望爸爸。看爸爸这样经营店面，他不解地问："爸爸，现在全国经济都在衰退，难道您不知道吗？我们得赶紧设法降低成本啊！广告牌可以取消，这样宣传费用就会降低。服务生可以由四个减少到两个。您也别站在门口浪费时间了，去后面料理作料吧！另外，面包和热狗也不要最好的了，换成便宜的。制作泡菜的原料也不用选择这么高档的。至于洋葱嘛，完全可以去掉！只有减少一切可以减少的费用，才能顺利度过这次经济萧条期。"

在老人看来，儿子的文化程度非常高，这也是一直以来让他感到自豪的事。所以，对于儿子的建议，他丝毫没有怀疑，甚至感激地全部照儿子说的去做了。他卸掉了广告牌，打发走了两个服务生，自己去厨房料理那些便宜作料。

又过了几个月，儿子又回来看爸爸。他一进门就问："最近生意怎么样？"老人抬头望望马路上来来往往的汽车，又看看空无一人的店面，说道："儿子，你说得对，现在经济的确不景气！"

看完这个故事，你想到了什么？你一定想到了，这位老人本身就是一位企业家，只是他的才能有限。所以，坚定的信念是成功的基石，是企业家必不可少的一项素质。积极和消极的情绪人人都有，但要想成为一名成功的企业家，就要摒弃自卑，树立坚定的信念，并有效地调节心理承受能力，克服压力，把事情做好。

有的人能把握客户心理，也具有企业家必需的基本素质，但就是无法坚持自己的信念。如果你能做到这一点，你的事业大厦就会非常坚固。在追求成功时，企业家必须具有执着的精神，否则，就会像故事中的老人，因为缺乏自信而使本来好好的店面变得门可罗雀。

🔊 做个有主见的人

有主见必须建立在自信之上，你要相信，也许你在某一方面不如别人，但你的决定经过深思熟路，并有充分的理论依据做支撑，别人再怎么说，也不如你的亲身实践更有说服力，所以既然决定了，就以坚定的信念、执着的精神去追寻你的目标吧！

敏锐的直觉也是企业家必备的基本素质。有时候为了制订公司发展方针，却没有任何依据，就只能凭直觉来判断了。但这种方法仅适用于某些特殊领域，如媒体广告、销售渠道等。为了吸引消费者而选择产品包装时就可以使用这种策略。

广告回函和直销策略也具有很好的效果，许多人就是通过这种方式成为百万富翁的，如石油帝国的霸主洛克菲勒先生。在商品销售方面，决策的制订离不开销售部门的支持，但却不能像有些公司那样，被动地等待客户前来，而是以出其不意的方式进入市场，一举成功。

商品试销时，企业家一般都会到市场上走走，看顾客对自己公司的新产品或新服务有什么反应，不管是正面的还是负面的，他都希望能第一时间知道，有时候甚至还会对顾客的反应录音，以便回去后进行仔细研究，这和运动比赛时录像是一样的道理，都是为了在回顾中追求进步。企业家虽然具有敏锐的观察力，但他掌握的知识有限，能有效地把握顾客的反应才是最重要的。如果对顾客的负面反应一味地逃避，则是一件很愚蠢的事，这也是许多企业家失败的教训。所以，坚强的意志虽然必不可少，但灵活的商业头脑也不可或缺，两者如果能有效结合，必定会成为一位成功企业家。

企业家还必须具备识别危险的特殊才能。经验告诉他们，高收益往往伴随着高危险，所以，企业家们都有一定的冒险精神。但许多人也知道，无论我们如何精密设计，还是难免会遭遇失败，但企业家却不会考虑这么多，他把危险踩在脚下，继续不停地探索和实验。兴奋、紧张和竞争是他们的精神食粮，好不容易获得成功，他们也只享受几分钟胜利的喜悦，很快又开始了一个新的项目。

◢ 有点冒险精神

如果给你一笔钱，你是存在银行还是用来投资？前者是一种保守的做法，不仅可以保本，还可以产生一定的利息。而后者却有风险，你可能把本钱全赔进去，但也可能会赚到比原来多好几倍的钱。可见，要想取得较高的收益，没有一点冒险精神是不行的。

在对一项新计划的危险性进行分析时，企业家会表现出超常的识别力。他能立刻判断出哪里容易出问题，并集中全部精力应对，此时，如果他发现有人或公司能给他提供有效帮助，他一定会排除一切困难去争取，因为这是大大降低危险性的有效策略。如果在计划的推行过程中遭遇麻烦，一时又难以解决，他也一定会想出一个全新的方案来代替，这是自然而然的事。

他一直在做看起来可行的计划，"不要为倾洒在地的牛奶哭泣"，可以尝试和奋斗的地方很多，谁也不能保证事情的发展会一帆风顺，但我们可以全面考虑和计划。一项计划失败了，可以立即开始一项新的计划，这样一来，我们的收益就会有保障，资金也会安全。公司倒闭、破产，或被人告上法庭的几率等事件会被他降到最低，而且，他也不会允许自己再去过衣衫褴褛、三餐不继的日子，为此，他必须小心谨慎，并不断地告诫自己。

亚里士多德曾经说过："通往失败的路有很多，但成功的路却只有一条。"企业家实现理想的方法有很多，首先，他们会判断某个计划如果投入实施，需要多少资金，如果手头资金有限，不能确保自己成功，他们会考虑：第一，号召大家集资；第二，设法筹集资金，甚至出卖一些专门技术；第三，如果有人赞赏他的计划，他会直接把点子卖出去，如果没人赞赏，他也会毫不犹豫地取消计划。所以，企业家必须有较高的决策和判断能力。

许多企业家无法取得成功，是因为他们的典型特质成为了阻碍事业发展的不利因素，有的企业家急功近利，盲目追求速度，这样一来，就造成了服务质量或商品品质下降。或者把注册商标的事儿都给忘了，以至于自己的行为触犯了法律，最终以失败告终。因为他们手里资金有限，连银行都不愿意借给他们钱，更别说有人支持他们了，所以，他们一旦失败，很难东山再起。

成功的企业家和成功的实业家大致相同，但他们之间也有着微妙的差别。在个人性格方面，企业家更激进，更冒险，更大胆，而且经营模式更加灵活多变。但两者都必须了解顾客需求和市场动向。所以，你要多接触市场，做出正确评估与判断，这是成功的前提。

冒险可以让企业家获取心灵的满足，但必须顺应时代潮流，否则就会给自己带来危险。一位优秀的企业家，在困难面前不会抱怨，他很快就会把失败踩在脚下，继续去冒险。即便成功了，也只是享受几分钟的愉悦，失败了，也就是几声哀叹，这是优秀企业家真正的可爱之处。

企业家必须有自己的个性。无论是在工作上还是生活上，他从不随大流，而是走自己选择的路，做自己喜欢的事。克劳多·霍布金斯是最值得我尊敬的一位企业家，他曾经说过一段精辟的话：

有些紧急事件的出现，比资金和事业更重要，但我必须独自一人去面对、去决断，可我每次做出决断后都会遭到大家的反对。之前我也曾努力过，但换来的却是朋友们的指责和嘲笑。我很奇怪，为什么在追求幸福、金钱、满足感，甚至胜利的时候，周围的人，乃至全世界的人，都会对他冷嘲热讽呢？为此，我想找出一个合理的解释，却发现一个很奇怪的现象：那些普遍被大家说好的人没有一个是成功者！因为很少有人真正达成自己的目标，获得真正的幸福，产生真正的满足感。所以，我们的一生，有必要交给他人去决断吗？

◀)) 别把自己交给别人

> 每个人的命运都把握在自己手中，既然你想让自己的人生与众不同，那你就应该拥有与众不同的想法、与众不同的行为！既然如此，那你干吗还要在乎别人的反对和冷嘲热讽呢？

了解克劳多·霍布金斯的人都知道，他一生中曾经有过几次伟大的成功，但每一次都是在朋友们的嘲笑中实现的。诗人威尔吉鲁斯曾经说过："好运垂青勇者。"财富和勇气是每个人都向往的，拥有财富就可以随意购买我们想要的东西，但勇气却不能随意使用，鲁莽英雄似的投资，十之八九会招致失败。所以，即便你很有才能，也要慎重使用。

爱你的父亲

智慧启迪

你是否梦想自己有一天成为一位成功的企业家？那你就从现在起，培养自己敏锐的洞察力，不放过身边任何一个小细节。比如周围有人在聊天时，突然蹦出一句感慨的话："要是如何如何就好了！"也许他只是随便说说，但你要知道，只要人们需要的地方就是市场！找到目标，这是做出一番事业的前提。

09 让企业长盛不衰的诀窍：
多元化经营，分散投资风险

○ 小约翰的心声：亲爱的爸爸，经过一段时间的观察，我发现，企业的多元化经营虽然可以有效地规避风险，但却很难实现快速、健康的发展。所以我建议，咱们还是调整一下经营策略，集中所有资源，投资一个领域吧！这样的话，咱们公司一定可以快速壮大起来！亲爱的爸爸，您觉得呢？

亲爱的小约翰：

你建议我们公司调整经营范围，并提出了具有建设性的意见，特别是在分散投资风险方面，进行了深入分析和评估，提出了规避风险的具体做法，对此，我感到非常高兴。自从我投身商业以来，我就一直在设法保障财产安全，致力于多元化经营。现在，你也开始思考企业经营安全问题，认为如果我们把所有资源集中起来，投资于某一个领域，我们的发展势头将会更好。

的确，许多人都是这样认为的。因为这样做的话，可以保证公司更快、更健康地发展。但我对此有一些自己的见解。

就像"别把所有的鸡蛋都放在一个篮子里"的道理一样，企业的多元化发展能够有效地降低投资风险。因为篮子难免会有破损的时候，可是如果我们把鸡蛋分散放到几个篮子里，就能确保肯定有鸡蛋不会被摔坏。我想，你肯定比我更明白这个道理。当投资机会来临，我总是首先想到两个问题：第一，如果投资新的产业，资金是否仍然能够正常运转？第二，我们是否具备了相关实力？是否有有经验的员工来从事这个新产业的管理？关于这一点，公司应该以人才为中心，而不是以公司为中心集合人才，这一点是毋庸置疑的。如果这两个方面都没有问题，我才会进一步考虑进货、销售、市场竞争，以及其他一些方面的问题。

◀))) 分散投资风险

> 给你一笔钱让你来投资发展点事业，你有两种选择：一种是投资于一个领域，顺利的话，你会成为这个行业的老大，但如果失败的话，你会一文不名！另一种是分散投资多个领域，不管情况如何变化，你都可以保证自己的事业从整体上来说平稳发展，虽然速度有点慢。如果你不想让自己破产，那就选择后者吧：把鸡蛋放在多个篮子里！

经营企业必须具有灵活性，这一点不只要体现在企业的内部管理上，更要体现在扩大企业规模方面。如果新的产业与我们目前所从事的经营项目存在很多类似的地方，那么，这种风险就不算大，只不过是企业业务的拓展和经营范围的扩大。

多元化的经营方式可以保证企业更好地发展壮大，确保企业平稳健康地发展。这种方式不仅可以确保企业现有财产不受损失，还可以帮助我赚取更多利润，而不至于沦落到贫困的境地，这就是我要坚持多元化发展的原因。因为，从贫穷走过来的人，为了不再重返贫穷，自然会设法保住企业现有的发展。尤其是在创业初期就遇到过挫折的人，更要竭尽全力保住自己来之不易的事业。

 小/故/事

李嘉诚的多元化经营

1950年夏，李嘉诚在香港筲箕湾创立长江塑胶厂。1958年，他开始进军地产业，积聚资金，储存土地。1979年9月25日，李嘉诚通过旗下长江实业收购和记黄埔公司22.4%的股权，大举进军船坞港口行业。1981

年，又通过和记黄埔收购屈臣氏集团，涉足零售行业。1986年12月，以32亿港元收购赫斯基能源52%的股权，其产业触角延伸到能源行业。同年，李嘉诚设立和记通讯有限公司，统辖电话、传讯和电视业务。至此，加上支撑集团运营所必需的财务及投资业务，"长和系"的七项核心业务：港口及相关服务、地产及酒店、零售、基建、能源、财务及投资、电讯，初具规模。

李嘉诚的实业运营有两点值得称道，一是敏锐的投资眼光;二是多元化。企业扩张初期多表现为单一产业的市场份额增长。一般而言，单一产业的发展有两个缺点，一是对行业冲击比较敏感，缺乏缓冲机制;二是产业生命周期的局限易使企业陷入成长瓶颈。多元化是企业因应行业风险与成长瓶颈的常见选择。

刚才我们说过，"别把所有的鸡蛋都放在一个篮子里"。这句话所蕴含的哲理可以更好地说明企业多元化发展的好处。从我自身的经历来看，没有一个公司能够长盛不衰，但如果你有好几家公司，那你在一年中至少可以有一次成功的机会。经验告诉我，我的判断是多么正确! 因为成功的几率很高，即便有一家公司亏损，从整体上来说，我还是在赢利!

如果你想在商场中立于不败之地，那你务必要戒骄戒躁，不能盲目自大，尤其是不要有这种心理：觉得自己不管从事什么行业，一定可以获得成功。因为，这种心理往往会导致拥有好几家公司的企业老板最终一败涂地。凭我的年龄和阅历，我建议你，从事经营管理，首先要学习的就是谦虚谨慎的态度，以及善于向他人学习的能力，学习别人的先进经验为我所用，不要盲目追求成功。只有这样，才能确保你在任何一个行业中立于不败之地。

🔊 养成谦虚谨慎的态度

有的人刚刚有了一点成绩就开始骄傲自大起来，以为照此势头发展下去，自己一定会取得更大的成功！一开始创业时小心谨慎的态度早就被他抛到了脑后，以至于本来发展得好好的公司，却在他的盲目冒进下输得很惨！所以，要想永远立于不败之地，就要养成谦虚谨慎的态度。

一位优秀的企业管理者，必须具有灵活的应变能力，还要对各种风险因素进行客观评估，以便及时应对。如果你的经费遭到削减，你得赶快想办法，尽快解决这个问题。对我来说，最让人讨厌的就是，因为自己的疏忽大意而给企业带来损失，也许你会觉得我的这种想法有点奇怪，但在企业管理中，如果因为大额亏损就缩减所有开支，这种做法是很低级的。实际上，可能被缩减投资，甚至被取消的项目应该是损益表上那些无法看出盈利的项目。

如果企业真的到了需要减少开支的地步，那企业的经营规模肯定会缩小。但是，如果你能够重新分配，去掉那些影响企业发展的项目，企业的竞争力很快就会显现出来。

要想经营和管理好一个公司，尤其是一个正处于蓬勃发展中的公司，资金和人才的管理非常重要。许多原本很优秀的企业，就是由于领导者对企业发展操之过急，忽视了资金和人才管理，从而直接导致了企业的失败。要想建造一座稳固的大厦，必须首先打牢地基，公司的发展也是如此。

🔊 先把基础打牢

想成为一位企业家，没有扎实的产品，怎么能在市场上站稳脚跟？怎么能继续发展？想建立一座摩天大厦，没有稳固的基础地基怎么行？同样道理，要想成为成功人士，必须得有扎实稳固的基础知识才行！

企业管理不是一件容易的事，要想把一家企业管理好更不是一件容易的事。全身心地投入的确有助于企业发展，但是，如果企业并不需要你消耗那么多的时间，你就没必要那么做。因为太多的投入，会让你失去更多的发展机会。所以，你不妨换个角度想想，去尝试一下其他产业，你一定可以获得成功。当然了，你必须得有充足的资金、科学的规划，不然只会浪费我们的财力。

企业要想发展得更好更大，必须建立起科学合理的资金管理体系，否则很容易招致失败，美国石油业就不乏这样的先例。那么庞大的企业都有可能破产，更何况我们这种小企业。避免让自己深陷这种危机的方法，也是唯一的方法，就是要时刻保持警惕，加强资金管理。但是，不管什么企业，也不管企业规模的大小，都不可能永远兴盛。因为企业经营在不断变化，再加上意料之外的需求和供给能力，都需要经营者卓越的智慧，但真正具备这种能力的人却很少。

我所说的多元化经营不是盲目扩大生产，也不需要改变原有的经营理念，而是在现有基础上科学地、有计划地扩大企业生产规模。但许多公司在贯彻多元化经营理念的时候，却放弃了自己原有的基础，脱离了原有的领域，或者收购其他公司或原料供应商，生产一些附加值更高的同类产品。就比如，如果我们改行生产收音机、镜框、家具、汽车用品，那肯定是极其草率的行为。因为那跟我们现在所从事的行业一点都不沾边呀！

◀)) 以自己的优势为基础

一棵树要想变得枝繁叶茂，就必须在树干上长出许多枝丫，而不是在旁边种下许多小树！记住，多元化经营虽然可以有效地降低投资风险，但谁都不是全才，所以多元化经营要有一个前提：以自己的优势为基础去拓展自己的事业。

当然，每个企业都有自己的管理模式。如果企业要实行多元化经营，那一定要记住这个重要原则：与其收购一个公司，倒不如去招揽那个公司的优秀人才！我曾经在管理一个公司的时候，三年之内就流失了三名常务董事。为此，我沮丧至极，几乎要疯掉，差点把公司给卖了！最后，我开始尝试一种新的管理方法，为公司的老员工们提供施展自己才能的平台，结果是出乎意料的成功！员工的离职率一下子下降很多！

　　企业是否实行多元化经营，还要考虑企业的具体情况。你要做的就是，必须把企业管理好，就像安德鲁·卡内基所说："一家三代不可能都穿工作服。"我现在努力经营企业，就是为了不让自己再回到穿工作服的时代。当我退休时，我可不希望你为了证明卡内基话的错误性而跑去尝试，我已经给你提供了建议，希望你能把企业管理好。

爱你的父亲

智慧启迪

　　看着身边同学一个个都确定了自己的奋斗目标，有的想成为一名教师，有的想成为一名企业家，有的想成为一位律师，你对未来的发展道路是不是还有些朦胧？那你就试着多接触一些领域：教师、律师、文案策划、电脑设计、生意等等，试着走进每一个领域，或许你就会发现自己的兴趣所在。记住：多接触，总比闷头冥思苦想要有效得多！

10 企业可持续发展的秘诀：在不断反思中前进

○ *小约翰的心声：亲爱的爸爸，虽然之前您不断警告我说，生意场上的竞争非常激烈，一定要小心谨慎，但我还是遭受了很大打击！要是以前，我一定不会失败，但在这次竞争中，两家竞争对手竟然联合起来对付我，并且对我毫不留情，这是让我始料不及的。我不禁对他们生出许多怨恨：他们为什么要联合起来对付我？即便这样，他们为什么一点余地都不留，甚至想对我斩尽杀绝？亲爱的爸爸，我现在心情好难受！*

亲爱的小约翰：

最近我发现，你似乎越来越怨恨我们的竞争对手了。爸爸要告诉你，商业竞争本身就是很残酷的，在这个适者生存的丛林，被对手打击是很正常的现象。但即便是这样，我们在打击对手时，也要适当留有余地，并且采取的手段也要合法、合理。虽然许多人在商业竞争中经常采用一些极端的手段，但要想让我们的企业能够持续发展，并始终充满活力，一些原则还是要坚持的。

竞争对手不能树立太多，否则，如果大家联合起来攻击你，即便你的力量再强大，恐怕也难以招架。所以，今天我想告诉你的是，如何避免在商业竞争中树立敌人，没来由地遭受他们的打击。多年来的工作经验让我体会到，谦虚和自信是最重要的。所谓虚心，就像中国那句古老的名言："虚怀若谷，方能容纳百川。"

竞争对手不能树立太多

竞争虽然必不可少，但如果你想同时和许多人竞争，他们就会为了自己的利益联合起来，先迫使你出局！即便你的力量再强大，要想对抗这一联合的整体，恐怕也要费一番心机了！所以，为了确保自己在竞争中的优势地位，我们可以不断变换竞争对手，但千万别同时树立太多的竞争对手！

当然了，你有许多值得让人赞赏的地方，但即便这样，建立自信也要首先树立谦虚的态度。在开展工作时，一定要充满信心，但也必须有谦虚的态度，这样自信才能转化为成功的信念，并最终将你引向成功。许多人之所以失败，就是因为太自以为是，所以才慢慢变得偏执和顽固起来。

所以，越是身居高位，越要格外注意，因为，你那么高高在上，很少有人敢于指出你的缺点，所以你必须经常自我反省，经常问自己是否做到了谦虚。这样你就会知道，虽然你身居高位，但这并不代表你拥有超常的能力。如果你觉得下属的能力太差，说明你不够谦虚。即便你的下属真的不如你，你也要始终保持谦虚的态度，这样，你才能发掘出他们的闪光点。假如你抱有这种心态，一旦哪天你的下属给你提出了一份合理意见，你也就不会感到惊讶了。记住，只有群策群力、团结一致，企业才能实现更好的发展！

小/故/事

反思的力量

夏朝的时候，诸侯有扈氏背叛了朝廷，有一次，他率兵入侵夏的都城，夏王派他的儿子伯启率兵前去抵抗。一场激烈的战争下来，有扈氏竟然以少胜多，打败了伯启！伯启手下的将军们都很不服气："在这次战争中，我们之所以会输掉，是因为有扈氏耍了花招，我们是正义之师，如果继续进攻，一定可以把他们打败！"但伯启却对他们说："不打了！在这次战争中，我带的兵比他的多，占有的地盘比他的大，却在这次战争中输掉了，一定是我哪里做得不够好。或许是我的德行不够，或许是我的兵法不精。从现在起，我一定要努力完善自己！"

从那天开始，伯启真的像变了一个人一样，他每天天刚蒙蒙亮就从床上爬起来，亲自去操练军队。对于有才能的人，他大胆提拔；对于品德高尚的人，他尊敬有加；听说哪里有贤良之士，他竟亲自上门去请。就这样，伯启的身边聚集了一大批有识之士，他良好的德行远播万里，他手下军队的战斗力也越来越强。一年之后，有扈氏竟然主动投降了！

作为领导，你要能够接受别人的意见。如果你认为员工一直在说废话，那你们的谈话只能就此打住；但如果你觉得他们说得很有道理，下属就在无形中受到鼓励，他们就会不断地给你提出有利建议，从而有助于帮助你及时纠正错误，防止出现失误。要知道，即便是再不起眼的员工，他的建议有时候也会让我们突发灵感，产生一个更有创意的想法，也许，这刚好就是你所需要的，虽然事情不大，但却可能对我们事业的成败起到决定性作用。

◀)) 谦虚的态度必不可少

如果你是一位领导，如果你有谦虚的态度，下属就会不断给你提出一些建议，而你一定也可以从中找出切实可行的好建议。有的建议虽然不完善，但稍加改动，就是一个很好的创意。从这方面来说，谦虚的态度有利于企业健康快速地发展。

作为一家企业的领导，当他看到其他公司发展态势很好时，就会想方设法汲取他们的经验，为己所用。为了企业的发展，他也肯降低自己的姿态，去虚心求教，一般情况下，如果不是涉及公司机密，对方一般都会坦诚相告。

不管做什么，谦虚都是一项非常重要的品质。但谦虚并不代表丧失自己的立场，一味地跟在别人屁股后面走。而是在坚持独立自主的基础上，虚心听取他人意见，这是我们获取成功的保障。

虚心向人请教，虚心听取他人意见，集思广益永远比一个人关起门来自己摸索要有效得多。许多人在刚刚步入生意场上时什么都不懂，好不容易研发出一种新产品，却不知道要卖多少钱。此时他要做的就是，拿着产品去请教销售商，问问他们这样的商品应该卖多少钱？因为，他们经常与销售者接触，对这种事最在行了。一般情况下，销售商都会如实相告，你只要采纳他们的建议，一般都不会出错。而且，你不需要支付任何服务费，也不用费尽心思地去想，多划算啊！希望你也有这种虚心的精神，因为，只有能虚心向人请教、虚心听取他人意见的人，才更容易走向成功。

◀))) 虚心求教

不管在哪一个行业，一些老前辈们如果把他们丰富的经验倾倒出来，都够我们好好享用一番的。所以，只要你肯放下架子，像蜜蜂采蜜一样去广泛虚心求教，这些人的经验集合起来，再加上你的思想、你的创意，要想成就一番事业，那还不是轻而易举的事！

在这封信中，我还想跟你谈一个话题：作为一名企业家，管理方法固然很重要，但高尚的人格更重要。因为你的高尚无私，员工会心甘情愿为你付出。要知道，你所拥有的知识和管理手段虽然重要，但大公无私才是人的立业之本，也就是说，你得有"爱心"。

每个人都理所当然地认为，自己才是最重要的，但如果因此而身陷于一己私利或个人情感中，在对事物的认识过程中就很容易出现偏颇，更别说坚定自己的信念了。不局限于一己之私，冷静地思考事情的是非对错，这样才能确保判断正确，产生坚定的信念和一往无前的勇气。

所以你要严格要求自己，公平无私地去思考问题，以此来修炼自己的人格品质，这才是你要做的。作为一名企业家，应该有博爱的胸怀，以公平正义为出发点，这样才能使企业担负起对社会的责任，下属也才会心悦诚服地为你服务。

如果把企业比作一串珠链，那么企业精神（也就是为社会提供服务的精神）就是连接珠链的绳索，一旦绳索断开，珠子就会散落一地。企业在发展过程中如果缺少了这种精神，就无法实现可持续发展。作为一家企业，其首要职责就是生产商品，所以必须努力生产出最好的商品来满足社会需求，努力将国家和人民从贫困中挽救出来，让人们都过上快乐、富足的生活，这样才能称得上是有责任感和使命感的企业。

◀)) 修炼自己的人格品质

人格品质具有无形的魅力。如果你是老板，它会像黏合剂一样把下属们团结在自己周围；即便你是个普通人，也会吸引许多人和你交朋友。要想成就一番事业，人气必不可少，而这正是你成功的基础！

同时，企业要想获得发展，完成自己的使命，必须得到员工们的大力支持，所以企业领导必须首先让员工在工作中感受到快乐和幸福。所以，作为一名企业家，不仅要努力促进社会发展，还要让员工感受到快乐和幸福，如果无视员工的需求，觉得自己高高在上，就可以随意指使下属干这干那，怎么会获得下属真心实意的奉献？

一位有爱心的领导者，当他发现有人在图谋不轨时，必须坚决制止。如果出于人情而睁一只眼闭一只眼，这就不是爱心，最后还可能让自己的好心变成害人的利剑。所以，必须从大局利益的角度出发，赏罚分明，这才是有爱心的领导。

如果一位领导者懂得爱心的真谛，自然会努力关心和爱护自己的下属，有这样的领导，下属即便在做错事后受到惩罚，他也会心悦诚服地接受，并从中学习正确的处世之道。所以，企业家必须有爱心，才更容易得到下属的敬重。

我事业的成功和辉煌成就的创造，是我在经历了无数坎坷和失败后才获得的。我的感受是，在我的人生中，经历过惨痛的失败，小的失败更是司空见惯，几乎每天，甚至每时每刻都在经历，但这些失败，早已随着我的成功消失得无影无踪!

失败的产生,许多都是源于人们的虚荣心。许多人都有理想,但许多人的理想本身就包含虚荣心,他们的目的,就是要向世人夸耀自己的成就,这种心理的产生和年龄无关。不管一个人从事的是什么工作,个人的也好,公司的也好,国家的也好,任何一个失败的产生,都萌芽于人的虚荣心。

树立正确的进取心

每个人都不想让自己一辈子碌碌无为,都想出人头地。有的人是为了感受那种鹤立鸡群、被人仰视的感觉,这种人一旦取得一点点成功,就会变得止步不前,失败是迟早的事。但那些为了实现自身价值的人,即便取得很大成绩,也仅仅是几分钟的欢心,很快又投入了新的战斗,这种人,才能真正鹤立鸡群!

不管是谁,在自己的人生处于低谷时都不要自怨自艾,在自己的人生处于辉煌时期也不要目中无人。特别是在人们热情高涨地吹捧你时,不要得意得忘乎所以,要记得始终保持自我,继续踏踏实实地奋斗。

许多人在成功后往往容易陶醉其中,错误也就在这时候出现。要想避免自己出现失误,最好的办法就是,经常自我反省。因为,世事无法预料,许多事情的发展和变化都不以我们的意志为转移。

为什么会有这种情况发生?究其原因,是人们对自己缺乏认识,很少反省自我。

不管是公司也好,商店也好,个人也好,都想实现可持续发展。但如果一件产品没有开发成功,或一件事情没有处理好,结果自然会事与愿违。事情发生的原因虽然是多方面的,但对事情的判断失误则是最主要的。

不进行自我反思和自我认识,只是一味地沉溺于自我满足中,甚至高估自己的能力,都可能会引发失败。失败的原因就在于,开始行动之前没有认真审视自己。

在不断反思中前进

如果用一条线来表示人生，那人生就是一条波浪线，此起彼伏，有高峰也有低谷。但如果想让这条波浪线不断攀升，就要不断反思自己，从失败中汲取教训，从成功中获取经验。

如果遇到这样的问题，你该怎么办？我建议，在开发一件新产品之前，一定要先检视自己的实力，看能否确保事情万无一失，如果做不到，那你最好放弃这件事。

如果你对这件事充满信心，而自己实力不足，那就要设法弥补自己的不足。如果是因为资金，那你就去和银行商量，设法从他们那里筹集资金。如果是因为技术，那你就去努力寻找技术，国内没有，就去国外找，只要坚持，你总能找到。

有时候技术找到了，但却需要付出高昂的代价，虽然你迫切需要这种技术，但代价太高，继续做下去，根本就不划算，所以你最好先把目标放一放，因为现在时机还不成熟。

人的一生，就应该在不断反思中前进。这些经验，有的来自自身体验，有的来自外界教训。在我看来，许多公司就是这样做的，一边反思一边发展。我也一直这样做，所以才有了今天的成就。

爱你的父亲

智慧启迪

每个人都在追求完美，但要想真正变得完美起来，就必须不断检视和反思自我。采取某一项行动之前，先检视一下自己的条件是否具备，欠缺的，要设法弥补。成功了，不要骄傲，更不能沉溺于其中而止步不前；失败了，也不气馁，更不能让自己颓废下去而不能自拔。从成功中积累经验，从失败中汲取教训。当然了，这些经验和教训，除了自身的，还有身边人的，以及从书本中看到的。

11 发挥公司的最大潜能：追求效率化管理

○ 小约翰的心声：*亲爱的爸爸，经过一段时间的犹豫和思考，我终于做出了一项决定：淘汰一批旧有的机器，引进一批更先进、效率化更高的设备，并且，我已经开始着手办理了！这个决定是我经过深思熟虑，并多方面考察和征求意见后做出的，我相信一定没问题。亲爱的爸爸，对于我的这个决定，您不会反对吧？*

亲爱的小约翰：

听说你决定为公司重新配备更先进的设备，并已经开始着手办理，对此，我深感欣慰。从这件事中可以看出，你已经明白了行动说明一切，懂得了实施计划前要缜密思考，同时我还看出，你学会了理论联系实际，知道充分利用学校学到的知识、工作以来的经验去指导自己的实践。在这件事上，你已经开始展现自己的能力，而这儿正是你迈向成功的开始！

不管成功还是失败，都无所谓，关键是你要勇敢地面对，并从中汲取经验和教训。勇于承认错误是伟大人物的必备素质之一，但很遗憾，你现在好像还不具备这种素质。也许你会不服气，甚至反驳我："如果我失败了，我一定会承认！"我希望你能说到做到，希望在我有生之年能看到你的这种表现，也算我没有白费心教你。

公司的生存和发展离不开效率和利润。在我跟你谈论这个话题之前，你已经浪费了太多的时间，也许只有几天，也许只有几个星期，当然了，你也浪费了许多金钱。并且，损失会随着你浪费时间的增加而增加，所以，我们必须尽快拿出应对办法，而依靠大家齐心协力，就是最好的办法。虽然这个问题我已经谈了很多次，但我还是觉得有必要再强调一下，而且很有必要。

时间就是金钱

"一寸光阴一寸金，寸金难买寸光阴。"这句话你一定很熟悉吧？可你照着这句话去做了吗？你一直盼着暑假到来，去参加一些社会实践。可暑假真的来了，你又今天推明天，明天推后天，最后整个暑假过完了，你才发现，自己的计划还一点都没有实施。知道吗？你浪费的不是时间，而是金钱！

 ## 小/故/事
时间就是财富

一个男孩在书店里犹豫了一个小时，他终于张口问："请问，这本书多少钱？""1美元！"店员回答说。男孩又犹豫了很长时间："能不能再便宜点？"店员毫不犹豫地告诉他："不能！就是1美元！"看样子，男孩是想买这本书，他又盯着这本书看了好一会儿，问："你们老板呢？""老板正忙着呢！"店员告诉他。男孩要求说："我想见一见你们老板。"

于是，老板被请了出来。"请问，这本书多少钱？"男孩拿着那本书问老板。"1.5美元！"老板毫不犹豫地告诉他。"您是不是搞错了？刚才您的店员还说这本书只要1美元呢！"男孩疑惑地问。"没错，"老板说，"这本书原来是1美元，但您刚才耽误我时间了，这个损失可比1美元大多了！"男孩好半天才从惊讶中缓过神来，他想早点结束这场谈判，买下这本书，于是继续问道："好吧！那您告诉我这本书最低多少钱吧！""2美元！"老板回答说。男孩惊讶地张大了嘴巴："天哪！刚才您还说这本书只要1.5美元呢！""没错，"老板冷静地回答道，"可您已经耽误了我太多工作，我因此而损失的价值，早就不止2美元了！"男孩再也没有说话，他把2美元放在柜台上，拿起书，悄悄走了出去。他一路低着头，若有所思。

在实现效率化管理这个问题上，你必须认真考虑，才能做出有利于公司发展的决策。比方说，先进的设备固然可以节省大量的人力，但在购买设备之前，你还要考虑我们的资金是否充足？如果资金不足，你就必须设法从银行贷款。当然了，说服银行贷款给你，也是需要技巧的，你可以从会计师的角度分析问题，再结合自己在生意上学到的一些技巧。如果你能从银行申请到贷款，那你就可以制订一份切实可行的计划了。

社会在不断进步，商品价格也在不断提高，我们可以预见到，用不了多久，员工工资也会相应增加。可如果你采用了先进的设备，以后就不用为这个问题而烦恼了，但你需要先支出一笔固定的经费。但这样做的前提是，你要保证够公司可以永续经营。在大家都在追求效益和利润的情况下，如果你只是一味地追求技术进步而不考虑我们的能力，一定会给公司带来很大的风险，导致公司经济衰退，甚至破产。

🔊 做事情要全盘考虑

我们经常需要做出一些计划和决定，但在计划做出之前，一定要全盘考虑自己的能力、财力等，是否能支持计划的实施？如果不能，能不能争取到外界的支援？只有全盘考虑之后的计划，才更切实可行！

任何事情的解决都不可能一帆风顺，都会或多或少遇到一些困难，管理一家公司也不例外。你才刚刚接手我们的公司，刚一计划就遇到困难，这很正常，因为你还没有经验。尽管你还不确定具体要怎么做，但你心里必须清楚，哪个部门该买什么机器，哪个部门不该买什么机器。还有一个解决问题的最佳途径——团队精神，你也可以尝试一下。

成本核算也是效率化管理中至关重要的因素。很多公司就是因为在成本管理方面出了问题才导致最终破产的，而这个问题也往往容易被人忽视。所以我必须提醒你，在人力资源密集型部门的管理中，你应该借助那些从事成本核算员工的帮助，让他们核算一下机械化、半机械化以及生产线的成本，并进行比较，然后选出一个最佳的方案，这样才能把我们的公司管理好。如果你对此还有什么疑惑，你可以去找厂长商量一下，他肯定更清楚哪个部门适合使用全自动化设备，生产水平达到什么程度才是最有效率的。其实，如果你去找厂房负责人更合适，因为他们始终在生产第一线，对情况的了解比厂长更详细，能给你提供更多、更实用的参考意见。除此之外，你还可以听听质量监管部门的意见，也会对你有所帮助。当你对所有资料分析之后，你就做到了心中有数。如果还有什么不清楚的，你还可以四处走走，听听技术工人们的意见，因为他们始终与机器打交道，没有人比他们对设备更了解了，他们会告诉你哪种机器最好，哪家公司生产的机器质量最高。

效率化管理没有固定的格式，也不是可以被随便套用的法律。我们所说的效率化管理，就是激发员工的创造性，利用他们的工作经验，收集他们的意见，力求使公司潜能得到最大程度的发挥。事实上，这也是团队精神的体现。在效率化管理中，让员工参与到企业管理中来，是最明智也是最有效的做法，因为对于一名员工来说，领导让自己提意见，是一件非常让人骄傲的事。尤其是当他提出的建议被采纳时，他会更加充满干劲。员工是企业得以存在和发展的支柱，所以任何时候都不要无视他们的存在，并经常向他们表达你的诚意。

◀)) 集体力量离不开个体能力的发挥

集体的力量再伟大，也离不开个体的奉献，就像古代大军事家孙武所说："上下同欲者胜。"如果在作战时，一支部队上下同心，很容易取胜，但如果部队里藏有一个奸细，轻松就能毁掉一场战争！所以，任何时候都不能忽略了个体的力量。

先进的管理方法不是空洞无味的理论，一定要科学地运用到自己工作中。要想收集有价值的建议，你得有敏锐的观察力，并谨慎地采取行动。收集到的意见一定要牢记在心，避免再发生类似的情况。许多员工不敢提意见，就是因为他们担心提意见后自己的利益会受到影响，所以，你不妨对那些大胆提出意见的员工给予奖励，以示对他们提意见行为的肯定。例如，这次你决定购买设备，员工们可能会想，你是不是打算减薪或者裁员呢？这些担心不无道理。所以，你务必在付诸行动之前，就和员工说明。

从公司的角度来说，最重要的就是利润和效率。所以我建议，你要是打算裁员，且想维持现在的增长速度，那么，你首先就要降低招募新员工的数量，并且重新分配员工岗位。只有这样，才能使公司保持最高的工作效率，也不会有人失业。但是，随着现在通货膨胀的加剧，用于员工的支出越来越多，许多员工都希望公司能提高工资。如果我们能进一步提高生产效率，就可以占领更大的市场，给员工增加工资也就不用发愁了。

矛盾是不可避免的。当公司内部出现矛盾时，你一定要沉得住气，冷静地处理，不要乱了阵脚。如果你打算用技术工人代替监工，那么，作为一名领导，你一定要给监工一个合理的解释，这样才能激发员工的工作热情。

如何使用资金也是效率化管理的一个重要方面。资金使用是否得当，与公司能否顺利扩大生产规模息息相关。流动资金直接决定了公司能否扩大规模，所以，在使用资金之前你一定要慎重考虑，尤其是需要购买设备的时候更是如此。你要对生产同类机器的公司进行比较，然后选择一家最合适的公司和最符合生产要求的型号，这就是"效率化管理"的意义所在。比如，我们公司的罐装机和贴标签机每分钟只能完成200件产品，你非要买每分钟能完成300件的罐装机，很显然是不现实的，也是没必要的。所以，保持各个环节的相互匹配也很关键，希望在你的领导下，我们公司的生产线可以像雪佛兰那样保持流线型，而不是像林肯那样棱角分明。

◀)) 合理使用金钱

过年时收到不少压岁钱，如果让你去买几本书，你打算买什么书？是挑书店卖得最好的买？还是买自己最感兴趣的小说？其实，要想让钱花得最值当，还是买那些能够提高自我、振奋精神的书。而那些小说，虽然阅读起来轻松，但却只能给人带来一时的快感。

现代化设备固然有利于工作效率的提高，但在你决定购买某种设备之前，最好先到生产厂家进行实地参观，如果有可能的话，你还可以在技术工人和厂长的陪同下去参观，这样可以消除你们所有的疑虑。如果你发现设备的性能和广告上说的相比，还有很大差距，你也不妨直言不讳地向销售商提出来，这样就会大大降低你上当受骗的可能性，他们也不会因为你不懂而欺骗你了。

在购买设备时，还要仔细了解设备的使用寿命、维修配件是否容易购买、销售商的资质，以及他们的售后服务如何等等。在此期间，你一定要多征求相关人员的意见，因为他们更了解这方面的情况，能给予你实质性的帮助。所以你的成功也有他们的一份，一定要记得向他们表示感谢。

任何一个决定都可能会对公司的生产效率产生影响，尤其是新设备被买回来，安装运行之后，你们的决定是否正确也就逐渐显示出来了。这时候，你可以带领员工一起进行评估，如果决策正确，他们一定会由衷地为你感到高兴；如果决策失误，当我责备你时，他们也能明白是怎么回事。当然了，你还是要为这个决策负起全部的责任。但是，既然你的员工都参与了这个决策，在他们的内心，就已经有了一种责任感，即便我不责备他们，他们也会为此感到内疚。他们一定会暗暗下定决心："这次被董事长当作了傻瓜，这是一种耻辱，我一定要洗刷！"所以，当你下次要购买什么东西时，他们一定会给你提供更加翔实的资料。

效率化管理的另一项重要内容，就是团队精神。如何发挥团队精神，充分调动员工的积极性，利用好员工丰富的工作经验，是每一个企业家都必须考虑的问题。公司的运营就像一场足球赛，不管你个人能力多么强，表现多么突出，最终能否取得胜利，关键还在于整个团队是否能精诚协作、斗志昂扬。在现实生活中也是如此。

🔊 团队精神的力量

如何把一堆沙子凝结在一起？方法很简单，就是把它和水泥、石子、水混合在一起，混合之后的沙子，比花岗岩还坚韧！如何把一群人凝结在一起？答案是，用团队精神！

最后，我还想再强调一遍，效率化管理不是空洞无味的理论，但也不能照本宣科，必须在实际管理工作中灵活运用。你不可能做到让所有人，甚至包括我在内都认可，但只要在大的原则上没有问题，你就大胆地去实践吧。

爱你的父亲

班里成立了几个学习小组，你是组长之一，如何提高小组成员的学习成绩，超越其他几个小组，成为你们的一个目标。那么，你打算怎么做？首先你必须清楚，此时你们已经成为了一个整体，一个成员提高10分对一个小组来说算不上什么，但每个成员提高10分，效果可就看出来了！所以，整体的进步才是真正的进步，一定要发挥团队精神，互帮互助，我英语好，我帮大家补英语；他数学好，他帮大家补数学。如此一来，大家成绩不都有所提高吗？

12 每一分钱都是财富的种子：
用有限的资金创造最大的利润

> ● 小约翰的心声：爸爸，我想出一个绝妙的主意，为了让客户给咱们公司留下一个好印象，我决定，以后在招待客户时把档次提高一些，不在普通饭店，而是去大饭店招待他们。这样一来，他们一定会觉得，我们公司的实力很强，从而更愿意跟我们做生意。亲爱的爸爸，您看，我的想法是不是很好？

亲爱的小约翰：

我一般没有批评过你，也没有在哪方面限制过你，因为我不想让你生活在一个固定模式中。但最近发生的一些事，不由地让我担心起来，我不得不给你写一封信，探讨一下金钱方面的问题。

事情是这样的：财务室拿来几张账单要我签字，这让我感到非常疑惑，这是一笔巨额招待费！我可以想象，当时的排场，简直就像是在招待哪个王公贵族！但我不记得咱们的客户里有什么王公贵族！那么，这么隆重的排场，是客户要求的吗？还是你自己为了显摆，染上了奢靡的习惯？

许多客户和朋友都反映，你很新潮，很开放。我要说的是，适度的大方没什么不好，但如果过于浪费，就是在故意摆阔了，这可不是一件好事！

金钱的用途有两种：第一，投资，赚取利润；第二，享受。我们可以用金钱把家布置得赏心悦目，也可以换来一夜的酩酊大醉，而不去考虑以后的日子。我担心你不知道金钱的正确用途，以为摆阔、出手大方，就会给别人留下一个好印象。

摆阔行为要不得

你的爸爸妈妈很有钱，因为忙于工作无暇照顾你，经常甩给你大把大把的零花钱。你喜欢这种无人管束的自由生活，也喜欢大把大把花钱的感觉，尤其是看着周围同学们艳羡的目光，你感到无比的骄傲！可你有没有发现，他们艳羡你，却并没有亲近你！

第一印象的重要性你不是不知道，但在豪华饭店招待新客户，虽然看起来很体面，也很享受，但给客户的第一印象却不一定好。这一点，你考虑过吗？事实上，客户已经来我们公司实地考察过了，对100元的招待费也没有提出异议，他们要怎么做，心里早就有谱了。你要做的应该是，信心满满地去和他们谈生意，而不是花钱摆阔！

另外，你也要知道，你对金钱奢靡浪费的态度，客户会怎么看？他们只会对你敬而远之！他们一定会想，你是在用从他们那里赚来的钱肆意享受，甚至还会怀疑，你卖给他们的东西，不知道赚了多少钱！这样一来，他们就会考虑，以后还要不要继续和你做生意。到时候你再想挽留住这个客户，在竞争中获胜，不知道要付出多少努力！

虽然有必要让客户了解我们公司的实力，但浪费金钱，只会让人觉得你愚蠢！一位合格的企业家，应该知道如何利用手中的资金，创造更大的利润，而不是对现有财富肆意挥霍。一个生活奢靡的人，不仅不会受到人们的尊敬，甚至还会在背后被人嘲笑是傻瓜，更别说乐意和他交往了。

从某种意义上说，贫穷也是一种资本，对此我深有感触。每当想起小时候的日子，我就对上帝充满了无限感激，是他赐给我这笔无价的财富。你肯定想象不出，我小时候的日子是多么贫寒，那时，家里经常是吃了上顿没下顿。当时在我的家乡，有一个非常富有的企业家，他在吃、穿、住、行等方面，都享受着一流的品质。每当慈善机构要人们捐款时，他的捐款数目也都是最多的。我想知道他是怎么赚钱的，于是我开始仔细观察。我听到人们在背后议论，说这个老板很难相处，对下属要求也非常苛刻，即便是10美元的利息，也要讨要回来，所以许多人说他是"顽固而吝啬的富翁"。现在，我终于明白是怎么回事了。这些充满恶意的评语，完全是人们出于对他成功的嫉妒，于是开始想象，如果我成功了，一定会比他大方。

🔊 贫穷是一种宝贵财富

不要抱怨自己家境贫寒，父母忙于工作，无暇照顾你，和同学相比，你的自理能力不是更强吗？家里没有电脑，你不是可以更专心地投入学习吗？等你事业有成的那一天，你一定会感慨：原来，贫穷是一笔宝贵的财富！

在镇上，这个企业家就像生活在玻璃缸中的金鱼，任何一个轻微的举动，都会引起人们的关注，人们也总喜欢在茶余饭后谈起他。我就曾经亲眼看到一个人在背后添油加醋地诋毁他，却在这个企业家面前，极尽阿谀奉承之词："您今天气色真好啊！""您真是一个成功的企业家！""您看起来总是这么和蔼可亲！"等等。但这位企业家并没有兴奋得忘乎所以，也没有失了自己的身份，他用亲切的话语，赞美对方崭新的帽子、漂亮的胡子，以及为他准备的可口点心。他知道这些人在背后是如何诋毁他、给他散播谣言的，他也知道，他们都怎样地眼馋他的财富，但他从来都是一笑而过。每到周一早上，他就又回到工厂，继续用那些机器为自己赚取财富了。

我妈妈经常对我说的一句话是："不在乎小钱的人，永远挣不来大钱！"如今想想，这话还真挺有道理。我想告诉你的是，金钱能给你带来的朋友都是虚伪的、不真实的，他们对你的吹捧就像迷药，让你慢慢连自己是谁都不知道了。我身边那些朋友，友谊都是从小就建立起来的，和金钱没有任何关系，而且，他们也都有自己的事业和财产，我无需对他们有任何怀疑。但你就不一样了，你从小生活优裕，身边朋友虽然很多，但到底哪个对你是真心的，你必须好好观察一下。

🔊 金钱带来的友谊是虚伪的

因为你手里有钱，并出手阔绰，对于爱占小便宜的人来说，这是多好的机会，他们才不会轻易放过！你是不是很喜欢这种整天被"朋友"簇拥的感觉？可是，这种友谊是虚伪的！因为，等哪天你手里一旦没钱了，你就会体会到树倒猢狲散的感觉了。

许多人都喜欢和有钱人来往，或许是因为他们可以从中享受到自己未曾享受过的东西吧！你身边的朋友，一定也有不少这样的人。那些因为你家里有钱而想和你交朋友的人，你必须提高警惕。但有些人，为了避免让你怀疑他居心叵测，始终和你保持着一定的距离，只维持正当的友谊，这些人都很正直，你一定要多关注他们。如果他们想举办一次宴会，一般不会主动向你发出邀请函，但如果你意外出现，他们一定会满心欢喜地迎接你。这种人的心理，大概是不想叫别人误会他和你有什么关系吧！

结交一个真正的朋友很难，但要想失去一个朋友却非常容易，只要你借钱给他就能做到，所以你可千万别去尝试。如果朋友向你借钱，你不要答应，他如果真需要钱，完全可以向银行去借。因为，友谊并不是用金钱来衡量的，这是亘古不变的法则。但如果你发现朋友深陷不幸，可以伸出援助之手，这不但不会损害你们的友谊，他还会对你心存感激，等他以后有能力了，一定会把这笔钱还给你。你们的友谊不仅不会被时间冲淡，还会历久弥坚。

🔊 结交真正的朋友

真正的朋友，会在你取得成绩时发自内心地为你祝福，也会在你遭遇困难时，始终陪在你身边，对你不离不弃，这种友谊和你手里是否有钱无关，和年龄与时间无关，这样的友谊才是真正的友谊，这样的人才是真正的朋友！

在选择人才方面，金钱也不能成为一个标准，这一点你必须记住。狄米思·托克斯在为爱女选择对象时，就是把人品放在首位，而不去考虑对方家境如何，所以，如果对方人品不好，即便家产万贯，他也不会去选择。

如果你想成就一番事业，引起世人的关注，受到人们的景仰，就要设法为公司开创出更加蓬勃发展的新局面，用成绩来说话。否则，我会拿一把锤子，敲打你因为骄傲自满而膨胀的胸部，直到你认识到自己也没什么了不起为止。当然了，我这样说，并不是要阻止你庆祝自己的小成功。和几个好友来一次小规模的聚会，互道祝福，这样的话，当你哪天不幸遭遇失败，你也可以找他们倾诉，而不用昭告天下。

我的经历，就是从一种极端身份到另一种极端身份，所以我可以很清楚地告诉你，虽然富有的生活很好，但一般都会很孤独。因为如果你手握巨额财富，要想找到一位正直、忠诚的朋友，会非常困难。

某种情况下，财富就是幸福的代名词，如果使用得当，金钱就能给你带来无限乐趣：人们的喜怒哀乐，几乎都和金钱有关。金钱可以让我们享受到世界上许多美好事物，但也会让我们身边的亲朋好友变得势力起来。得与失，全在于自己的感受。

能够充分发挥自己聪明才智的人，很容易变得富有起来，但也很容易在富有之后变得愚蠢，连他们的妻子也不例外，这种现象非常普遍。千辛万苦攒下的钱，因为投资失败或肆意挥霍，很快就付诸东流了。

财富本来就是供人享乐的，我这样说，并不是希望你能成为一个一毛不拔的守财奴，该花钱的地方就得花，该省钱的地方也得省，没有人会清楚地记得把每一分钱都花在什么地方了，所以你不需要为一分一厘大费周章。在节俭方面，你妈妈做得似乎就有点过了。

在公司工作，有几件事你必须牢记在心：珍惜公司里的每一分钱，因为那都是财富的种子，播种下去，并辛勤耕耘，上天一定会赐予你幸福，一年之后，1分钱就会变成2元钱。这就是积少成多的意思。当然了，要想让它变成10万元，甚至200万元，则需要一个漫长的过程。

金钱就像种子，也是可以成长和繁殖的。随着你手里资金越来越充裕，你的信用也会提升，为了计划的早日实施，必须有良好的信用做支撑。如果你身无分文，要想向别人借钱，那简直比登天还难！但与此相反的是，如果你手里有100万元，想再借100万元，就容易多了。公司要改善员工待遇、改良工厂设备，哪儿都需要钱，所以，你必须利用好每一分钱。

🔊 利用好手里的每一分钱

金钱就像珍贵的种子，聪明者会用它来投资，愚蠢者会用来吃喝玩乐，满足自己一时的口福。前者手里的金钱会越来越多，后者是挣多少花多少，也就是我们经常听说的"月光族"，你想成为哪种人？

积攒一笔钱，往往要花很长时间，但要花掉它，一眨眼工夫就能做到。通往成功的路太少了，所以如果你选准了一条赚钱门路，就要脚踏实地地走下去，不要总想着找捷径。有很多这样的人，刚刚在一项事业上赚了钱，就开始得意忘形了，又去开创另一番事业，于是，刚刚积攒下来的钱，很快就赔到了新事业里。这些人之所以失败，就是因为他们太相信自己了，误以为财富可以呼之即来。

如果你对金钱不加珍惜，任凭它们从指缝流走，那我就告诉你，在这个世界上，有太多的人等待我们伸手救援。可看看你上个月的那几个账单，交际方面的费用多得让人吃惊，你似乎要沉溺于金钱的漩涡了！

《圣经·新约·提摩书》中说："金钱是万恶之源。"《传道书》中也说："酒肉、聚会给我们带来身体的愉悦，金钱则给我们带来精神的愉悦。"这两种说法，我都不赞同。在我看来，金钱和生活常识、亲切的态度、勤勉的做事风格、愉快的心情、欢乐的笑容等都有很大关系，我希望你能根据我们的家族传统，认真考虑一下金钱的用途。

爱你的父亲

 智慧启迪

不管贫穷还是富有，爸爸妈妈手里的每一分钱都浸透着他们的汗水，都是他们辛辛苦苦挣来的。所以，即便爸爸妈妈很有钱，也不能成为我们浪费的理由。树立正确的金钱观念，合理消费，该花的钱一定要花，不该花的钱坚决不花，不攀比，不摆阔。时刻牢记，勤俭节约是我们中华民族的优良传统，千万不要让它在我们手里消失！

13 创新是幸福生活的原动力：努力创新与突破

> 小约翰的心声：亲爱的爸爸，我想跟您谈一下思维方式的问题。您知道的，企业要勇于创新才能不断发展，而您，似乎太过保守了，许多东西不敢去尝试，这样会严重影响企业发展速度的！所以我觉得，您得改变一下自己的思维方式了！

亲爱的小约翰：

在上一封来信中，你谈到了思维方式的问题。我知道，我这个"老顽固"没有你们年轻人那么充满活力，我也相信你比我更有创造性。但你要知道，创新思维应该有一个坚实的基础做支撑，而不能天马行空！

我们先来说说什么是创新思维。一说创新思维，很多人就会联想到电的发明、小儿麻痹症疫苗的发现、文学创作，或者其他什么发明创造。当然，这些都属于创新思维，但创新思维并不仅仅存在于某些特殊行业，也不是高智商者的专利，只要善于思考，人人都能拥有创新思维！

那么，创新思维到底是什么？这么说吧，一个贫困家庭通过合理规划，让孩子进入一流学府深造，这就是创新思维。一个家庭改善了周边环境，把昔日脏乱差的街巷变成了干净整洁的休闲场所，这也是创新思维。也许你不认同我的观点，但只要你用心观察就会发现，生活原来是这么丰富多彩！

除此以外，如何更简便地保存资料、向原本不打算购物的人推销、鼓励孩子进行创造性活动、让员工对工作产生热情，或者化解一场矛盾，这些事情几乎每天都会发生，如何更好地处理这些问题，本身就是创新思维的表现。

🔊 创新不是某人的专利

创新广泛存在于我们生活的方方面面，不要把它想得有多么神秘，只要你用心，你也可以创新！在解一道题目时，你觉得大家用的方法都太笨了，于是想出了一种巧妙的方法。在生活中，你觉得某件东西用起来不方便，于是加以改进等等。这些都属于创新。

《伊索寓言》里记载了这样一个故事，或许它可以给我们一些启发：

一天，外面狂风暴雨，一个穷人到富人家乞讨。

"走开！别来我们这儿捣乱！"仆人喊道。

"求求你，让我进去吧！让我烤烤火，把我的衣服烤干就行！"穷人哀求道。仆人心想，这也不用花什么钱，便让他进屋了。

进屋后，穷人央求做饭的仆人借给他一口锅，他说："这样我就能煮点石头汤喝了！"

"石头汤？"仆人好生奇怪，"用石头怎么能做汤？"于是他借给穷人一口锅，想看看他到底是怎么用石头来做汤的。于是，穷人到外面去捡了一些石头，拿回来洗干净，放进锅里。

"要是再放点盐就更好了！"仆人于是给他拿来了盐。接着，他又按照穷人的要求，拿来了豌豆、薄荷、香菜。最后，又找了些肉末放进锅里。

故事说到这里，你大概也能想到，最后穷人是如何把石头从锅里捞出来扔掉，享受了一顿美食的。

如果当时穷人对仆人说："求求你给我一点肉汤喝吧！"你想结果会怎么样？所以，在故事的结尾，作者这样总结说："只要方法正确，坚持下去，你就一定会获得成功！"也就是说，许多事情的成功，都得益于正确的方法。方法对了，就容易获得成功；方法不对，不仅办不成事，还会徒增烦恼。可是，如何才能掌握正确的方法呢？这就是我想跟你说的创新思维。

◆)) 方法正确是成功的前提 ················

聪明的推销员在推销东西时，不是直接把东西拿出来向你介绍它的好处，而是先和你套近乎！等你对他产生好感后，才把自己推销的目的穿插进谈话，让你丝毫感觉不出人家是在向你推销，而你却不知不觉地有了购买的欲望。看起来浪费了时间，但成功几率却大大增加。

创新思维不能局限于已有知识，而要努力探知未知领域的规律，从而开辟出人类活动的新领域和新局面。如果没有创新思维，缺乏求知探索的精神，人类社会就会停滞不前，甚至倒退，更别说发展和进步了。

创新思维是人类所特有的优点，只不过大多数人的这一潜能没有被开发出来，所以才只有少数人能成为企业家。要想有所作为，必须勇于创新，充分发挥自己的聪明智慧，这样才能体现出一个人的价值。如果能在生活中有效地运用自己的创新思维，不仅能增加我们的幸福感，还会激发我们创新的热情，发挥我们更大的人生价值。

创新不需要很高的天赋，而在于寻找新的前进之路。任何一件事情的成功，都是因为找到了最好的方法。所以，在遇到问题时，你一定要多加考虑，培养自己的创新思维能力。

创新思维是基于传统思维的再探索，是在方法和结论上具有独特的想法，提出标新立异的见解，发现新规律，实现新发展。作为一名企业家，必须具备这样的素质才能确保在竞争中立于不败之地。

◆)) 培养创新思维能力 ················

遇到问题大胆质疑，不被权威束缚；把一个悲剧故事改编成喜剧故事；展开想象，编造一个童话故事，让不会飞的小乌龟飞上天；想象若干年后，一部分人类去另一个星球生活，等等。只要你大胆去想，去做，创新思维能力不知不觉就会被培养起来。

大多数人都是遵循常规思路，按照一贯的角度和方式思考问题，模仿和复制前人的思维，这样就很难有所创新。如果企业家也按照这种方式思考，就只能随波逐流，很难有所突破。已经被别人思考过的问题，得出的结论也往往局限于现有的认知范畴，这些，我们在书本中就能找到，要真想有所创造，就必须自己去开拓。创新性思维就是要解决实践中不断出现的新问题、新情况，而传统思维只能解决重复出现的老问题。

培养创新思维的关键在于自信，相信自己能够成功。只有拥有了自信，才能激发大脑的创造潜能，寻找解决问题的最好方式，这是企业家必备的素质之一。只要多加留意你就会发现，我们身边的人不外乎两种类型：一种是以现有的观念为观念，以现有的知识为知识，他们思想保守，安于现状，对生活缺乏热情，更别说创新了；另一种人则刚好与此相反，他们善于观察，乐于发现新事物，敢于打破传统思维。这类人往往不甘于现状，勇于挑战困难，主动探索，不断创新，这才是企业家应该具有的精神，你应该向他们学习。

🔊 自信是创新的前提

如果对某一结论有疑问，却因为它是某位权威专家给出的，从而不敢提出质疑，更别说去考证了，怎么会实现创新？伽利略如果不敢质疑权威，怎么会有"两个铁球同时落地"的故事？哥白尼如果不敢质疑权威，人们还认为地球就是宇宙中心呢！所以，创新必须以自信为前提。

创新思维没有固定的模式，而是独立的，具有创造性和善变性，并且常常存在于想象、直觉、灵感等非传统思维形式当中。因此，它很灵活，也很随机，会随着时间、地点的变化而变化。只要你多加留意，用心思考，就能发现。

创新思维的关键是突破传统的束缚。它是一种崭新的思维，没有任何可以参考的经验，也没有任何可以遵循的套路。所以，创新思维无法保证最终一定会获得成功，很有可能会没有任何效果，甚至被证明是完全错误的。所以，创新本身就存在一定的风险，但不管结果如何，它在认识论和方法论方面都具有重要的意义。因为，即便最终没能成功，它至少也给后人提供了教训，避免他们再犯类似的错误。就像你第一次签约没能成功一样，虽然没有成就，但你通过不断反思，还是学到了很多东西。传统思维看似没有任何风险，但它本身却存在很大问题，无法给人们提供新的启示，所以，你要勇于突破传统思维模式的束缚，去开拓和发现新的东西。

作为一名企业家，你要敢于尝试用一种崭新的思维、崭新的方法去分析事物，这样才能了解和掌握未知的事物，提升自己的认知。

希望你在以后的生活中也能运用创新思维，不断提出新观点，进而形成新理论，再发明出一些新的产品，促进企业发展。

◆)) 创新存在一定的风险

创新本身就是一种与众不同的、崭新的思维模式，所以存在一定的风险。但我们不能因为害怕失败就不敢创新。试想，人如果害怕失败，如何实现成长？企业如果害怕失败，如何有新的发展？

一说创新，很多人都觉得遥不可及，在他们看来，创新只是少数人的专利。然而事实并非如此，创新能力有大有小，内容也是丰富多彩。所以，不只是科学家可以创新，我们普通人也照样可以创新。其实，许多人就在从事着创新活动，无论是在日常生活中还是在工作中，创新思维随处可见。人们的追求不断发生变化，而在追求目标的过程中，必须具有创新思维。创新永无止境，人类追求幸福的脚步也从来没有停止过，事实上，人类在追求幸福的过程就一直在不断创新。

创新是幸福之源。英国著名哲学家罗素就认为，创新是一种"快乐的生活"。在人类生活中，创新可以带给人的乐趣是无法比拟的，而幸福正是在创新中萌芽的。在我看来，快乐的生活就像艺术创作，存在于创新型的工作中，并具有很高的技巧。亲爱的儿子，如果你对自己的工作充满热情，就一定能从中获得许多美好的感受。生活的伟大之处也正在于此。我这样说的目的就是想告诉你，创新和幸福密切相关，创新是幸福生活的原动力。

为什么这样说呢？众所周知，幸福来源于精神和物质生活，是在达成某种目标的过程中，体会到的一种精神上的愉悦。但是，愉悦感从何而来？这就离不开劳动和创新。

爱你的父亲

智慧启迪

看到身边有人做出了一些小发明、小创造，你是不是很羡慕？其实，发明创造只是创新思维的表现形式之一，除此之外，创新还广泛存在于我们生活的方方面面，并且它不是某个人的专利。每个人只要他用心去想、去做，都可以做到！从现在起，对周围的事物保有一份好奇心，不被传统观念束缚，不害怕失败，敢于尝试，你也一定可以做出一些创新。如果每个人都这样去做，我们的生活一定会变得更加丰富多彩！

一名优秀的企业管理者必须善于发掘有个性的员工，然后再按照他们独特的个性去排适当的职位，充分调动他们的积极性，最大限度地挖掘他们的潜质。天下树叶众多，但却找不出两片完全相同的！同样，就像我们每个人的面貌也不可能一样，每个人的想法也都是不一样的，面对同一件事时，每个人采取的方法可能都是不一样的，这就是造物主的神奇之处。尽管存在这么多差异，但我们仍然可以恋爱、结婚、生子、交友、合作！

——摩根

第三章

员工是企业发展的核心力量

14 员工是一项未知的财富：
关心、尊重并赞赏员工

> ○ 小约翰的心声：亲爱的爸爸，自从坐上这个领导的职位后，我发现米勒先生的怪癖实在让我难以忍受，在这个团队中，他看起来是那么不协调！我担心这样下去，就他的个性，能否与周围人和谐相处？会不会影响这个团队的建设和发展？所以，我干脆把他给开除了！亲爱的爸爸，我这样做，您一定可以理解吧！

亲爱的小约翰：

在企业管理中，衡量一位领导者是否合格的重要标准，就是看他是否尊重和关心员工。如果用这个标准来考核你的工作的话，那你算不上一个称职的领导！尤其是米勒先生的离职，让我深受震撼。因为在我看来，米勒先生是一位非常优秀的员工，早在我主抓制造部门时，我就发现他有着突出的个性，但我同时也发现，他是一位非常优秀的员工。我能想象得出，你们之所以不能和睦相处，肯定和他独特的个性有关。

一名优秀的企业管理者必须善于发掘有个性的员工，然后再按照他们独特的个性安排适当的职位，充分调动他们的积极性，最大限度地挖掘他们的潜质。天下树叶众多，但却找不出两片完全相同的！同样，就像我们每个人的面貌也不可能一样，每个人的想法也都是不一样的，面对同一件事时，每个人采取的方法可能都是不一样的，这就是造物主的神奇之处。尽管存在这么多差异，但我们仍然可以恋爱，结婚，生子，交友，合作！

允许个性

　　一首乐曲如果从始至终都保持一个音调，那它绝对算不上一首悦耳的旋律！同样，如果因为某人有个性就觉得忍受不了，那你恐怕交不到朋友了！

小/故/事
庙里的弥勒佛和韦陀

　　如果你去过庙里，你一定还记得，在你进入庙宇后，首先映入眼帘的，一定是一尊笑呵呵的可爱的弥勒佛，然后你才会在弥勒佛的背后看到一尊面容黝黑、一脸严肃的韦陀。

　　据说在很久以前，弥勒佛和韦陀分别掌管着两座不同的庙宇。弥勒佛整天笑呵呵的，大家喜欢他的热情，感激他带给自己的快乐，所以都愿意去他的庙里。但他却有个毛病，整天似乎什么都不在乎，做事丢三落四，所以，尽管每天收入很多，但却总是入不敷出。而韦陀虽然在管账方面是一把好手，却整天阴沉着脸，表情非常严肃，似乎谁欠他点什么似的，人们不喜欢他的这个表情，所以到他庙里去的人越来越少，最后甚至谁也不去他那儿了！佛祖在巡查的时候发现了这个问题，就把他们俩放在了同一座庙里，把弥勒佛放在前台，专门负责公关，让他笑迎八方来客，从此以后，庙里的香火越来越旺盛。而韦陀则负责财务，在他的管理下，庙里不仅从来没有亏空过，财富反而越来越多！这都是因为聪明的佛祖懂得如何用人的原因啊！

　　每个企业都把实现最高效益、追求最大利益作为自己的奋斗目标，可要实现这个目标，领导者就必须首先关心和尊重员工，这样员工才会积极奉献，这样的企业才是有发展前途的企业！

　　员工是否选择离开会考虑自己的工资高低，但工资的高低并不是导致员工离职的主要原因，有许多工资很高的人也频频离职，因为他们没有得到领导的尊重和认同。所以，要想让员工踏踏实实地为你工作，你就要尊重他们，不然，他们还是会选择离开。随着市场竞争日趋激烈，许多公司的领导者开始站在员工的立场上考虑问题，他们关注员工的感受，分析员工的工作动机，并将这些动机进行排序。调查结果显示：工资在工作动机中只占第七位。而占第一位的，就是在工作中所获得的成就感！显然，在辛勤劳动中获得的成就感，才是一个人工作的最大报酬！但我觉得，人们也一定希望自己的工作得到他人的认可，但现在管理工作中最大的问题就是，不懂得赞赏他们的员工。

对员工表示尊重和关心，需要我们付出的很少，但收益却是巨大的！因为赞扬该赞扬的事，不需要花费我们任何金钱，但效果却是难以估量的。当然了，对员工表示赞赏也需要技巧，并不是每个企业家都能运用自如，只有在恰当的时候表达对员工的赞赏，他才觉得自己的工作得到了领导的认可和肯定，才会觉得自己的工作有价值，从而激发他更努力地投入工作，以便更好地证明自己。从中我们可以看出，对赞赏的投资，收益是多么巨大！所以，表达对员工的赞赏，不只是对他工作的肯定，更是在激发他日后的工作动力。

◀)) 学会赞赏人

赞赏人首先要摒弃一切偏见，发现对方的优点，并站在欣赏的角度去看。由衷地赞赏会博得他人的好感，被赞赏的人会受到鼓励，从而更加充满自信，在这个过程中，你也会收获友谊和快乐。

对于有缺点的员工，要对他的优缺点、业务能力和团队合作精神等给出一个客观公正的评价。关于约翰·米勒，我知道，他是一位正直无私、勤勉的好员工，这一点是毋庸置疑的。虽然他经常有一些异于常人的想法和行为，但我一点也不在意。不过，因为担心这会影响到工作，我还是对他与众不同的个性特点进行了细致的考察。同时，为了能掌握更加真实的情况，我还刻意观察了一下身边的每一个人。我发现，每个人都或多或少有些异于常人的习惯，可我们仍然能每天在一起工作，共建一个优秀的团队。所以我觉得，别人的"怪脾气"不过是由于我们在思想上、认识上、人生观和世界观方面不太一样而已。简单来说，就是各人有各人的想法。勉强他人按照自己的意志去思考、去做事，是一件非常不现实的事。

作为一位企业家，必须建立起一套科学的管理方法，尤其是对有缺点的员工更是如此。在对员工进行工作安排时，必须考虑到每个员工的特点，所以，在与人合作的过程中，最好避免触及个人的隐私习惯，对他们的怪癖也最好能睁一只眼闭一只眼，否则你将很难与人相处。请别忘了，再完美的员工，也不可能以你的意志为意志，你要关注的，应该是公司的效益！至于一个人一天擤几次鼻涕，这些都无关紧要。除非他的个人习惯会对他人造成影响，或者个性太过怪异，否则，绝不能成为你开除他的理由！

🔊 正确对待别人的缺点

如果你因为想提高成绩而和一个学习好的人交朋友，那他是否爱睡懒觉和你有什么关系？如果一个人心地善良、正直，总能在你需要时伸出友谊之手，那他身体残疾又有什么关系？即便是你，也不敢保证自己没有缺点吧？所以，对于他人的缺点，我们也要正确看待。

做事前务必先进行审慎思考，这样才能达到预期效果，企业管理更是如此。企业管理绝不只是管理几个人那么简单，不客气地告诉你，我从米勒先生辞职这件事上看出，你还有许多东西需要学习。根据你的说法，他古怪的脾气让你忍无可忍，但是儿子，你要知道，我们是在经营企业，而不是在研究人的性格！米勒先生在我们公司已经工作了10年，在这么长时间里，从来没有人向我投诉过他，所以，你还是好好想想吧！

身为一个公司的领导，为了能与员工们和谐相处，你应该多花些时间去了解他们。你才与米勒先生一起工作了四个月，也许再过四个月，你就会发现他的优点，从而作出另外一种决定！

在企业的管理过程中，绝对不能根据自己的喜好来评判员工是否优秀，也不能因为自己的喜好问题而导致公司人才流失。如果真是这样，恐怕我得趁你还没把公司的员工都赶走之前，先把你送去精神病院。

🔊 不以自己的喜好评判人

每个人都有自己的喜好，有的人喜欢安静，但你不能说活泼好动的人就不好吧？在去某个地方时，一个人从左边走，但你不能说从右边走就不对吧？所以，任何时候都要尊重他人的做事方式，不以自己的喜好去评判人。

成本管理中还涉及员工培训和工作熟练程度等方面内容，特别是公司在培训员工方面，需要花费一笔相当的费用，如果你无法管理和协调好自己与员工之间的关系，那你就不是一位称职的领导。亲爱的儿子，你知道要培养一位熟练的员工需要花费多少时间、多少金钱吗？一些特殊的岗位，需要的经费甚至是相当可观的。要想将公司效率提高到最高，就必须将员工的离职率降到最低。刚刚把员工训练好，他们就离职了，长此以往，公司所有的收益都将会被员工培训所需要的经费消耗殆尽。所以，团结员工，不仅有利于营造良好的工作氛围，更是企业经营所必需的。

一家优秀的企业必须有一套科学的管理方法，这其中就包括员工管理。因为对于一个企业来说，员工素质关系到企业的生存和发展。最后，希望你能经常考核你的下属，尤其是对于那些刚刚入职的员工，一定要考核他对工作的适应能力。但是，对于那些一直在公司服务的员工，如果发现他们的工作效率下降，甚至工作业绩下滑到标准以下，这就是对你的警示，必须赶紧停下来反思一下：他的工作效率为什么会急剧下降？如果不是你工作失误的话，是不是还有其他不得已的原因？不妨试着跟他沟通一下，直言不讳地告诉他：你现在可跟以前不一样了！这事应该你去解决呢？还是他自己去解决？我们要不要帮一下他？也许，我们只花一个小时就能让他的工作效率恢复到从前，这种收益是巨大的。你想想，你和员工两人一小时的工资加起来，也不会超过

50美元，但我们要培养一个能接替米勒先生工作的人，却需要花费5000美元！

🔊 不断反思才能不断进步

一个人，必须不断反思才能变得渐趋完美；一家企业，必须不断反思才能发展壮大；我们在学习上也是如此，只有不断反思，才不至于总在一个地方丢分，从而使学习成绩越来越好。

如果你能给予你的员工关心和尊重，那你就是一个合格的领导。对员工的管理和经营企业，两者并不矛盾，假如你能协调好两者的关系，就是对我最大的安慰。员工是一项未知的财富，可别把他们看作廉价的机器！为了确保员工培训资金不至于流失，希望你能竭尽所能，使所有员工在工作结束后，都能体会到一种成就感。这样的话，当你自己完成一项工作，也会体会到一种成就，感受到一种荣耀。而我则会感到无比欣慰。

爱你的父亲

智慧启迪

你是不是一直想赢得一个好人缘，让自己的人气变得旺盛起来？那就教给你一个不花钱的诀窍：关心、尊重并赞赏他人。在别人需要的时候给予关心，对方一定会对你充满感激；每个人都有自己的思维方式和行为习惯，我们不能因为看不惯就横加指责，而要抱着尊重和理解的态度去看待；许多的个性虽然让我们看不惯，但只要你善于观察就会发现，他们的优点也往往非常突出！学会赞赏别人的优点，而不去关注他们的个性和怪癖。做到这些，你的人气一定会旺盛起来，你的朋友也一定会多起来！

15 礼貌是一把锐利的长矛：多一些礼貌和关爱

> ○ 小约翰的心声：爸爸，最近我在招聘一位销售员，可是，我面试了那么多人，却没有对任何人产生好感！其实，许多人的能力我还是很赞赏的，可是在为人处世方面，他们似乎缺少了一项很重要的素质——礼貌，而这却是我很看重的一个方面。亲爱的爸爸，您说，是不是我的要求太高了？

亲爱的小约翰：

在这封信里，我想跟你谈一下礼貌和关爱。说话的礼貌和技巧是一门非常实用的知识，一两个星期就可以掌握，但却会给我们的生活和事业带来巨大的好处。但很遗憾，许多人在这方面却表现得能力不足。

听说你要招聘一位销售员，不知道你选好了没有？我知道你在选拔人才方面一向严格要求，这一点和我很像，不会轻易对别人产生好感，所以你的想法我可以理解。但我要告诉你的是，生活中很少有人会刻意地去研究如何给人留下一个好印象？因为，他们根本就不知道这件事的重要性！

根据我的观察和人生经验，成功者的必备素质，除了广博的学识，还必须能礼貌待人，其重要程度仅次于学识，但许多企业家却只具备前一个条件。艾切斯特大学和新大学的创办者威坎候先生，在这两所大学提倡的口号是："礼貌是崇高品德的基石。"这个口号很适合教育界，因为对一个人来说，学识和品德具有同等重要的地位，二者缺一不可。可让人遗憾的是，即便教育界也很少有人意识到它的重要性！

什么是礼貌？就是你对周围的人多一些关爱。首先，你要经常把

"谢谢"挂在嘴边。有人说："'谢谢'说得越多的人，就越容易成功。"这话虽然不够确切，但也有一些道理。"谢谢"是在全世界被广泛应用的礼貌语，接受者经常会报之以"不客气"。可是，这些基本的礼貌用语，在生意场上却经常被人们忽略。如果在下属和店员请求你的帮助时，你能适时地说声"对不起"，想一下会有什么效果？试试看，在你把一项任务交给别人时，在前面加上"请"或"麻烦你"等字眼，你会收到意想不到的效果！那些被请求的人，一定会欣然受命，并以最快的速度、出色地完成你交给他的任务！

🔊 **关注礼貌用语** ┈┈┈┈┈┈

回想一下，你平时在向别人问路时前面是否缺了一个"请"字？如果是，那就别怪别人为什么不告诉你了！别人在给予你帮助后，你是否忘了说声"谢谢"？如果是，那就别奇怪现在遇到困难后别人为什么不愿意帮你了！你在接起电话后是否说了"您好"？如果没有，那就别怪人家为什么向你爸爸妈妈抱怨你不礼貌了！

 **小/故/事**

礼貌创造财富

有一天，在一家小面包店的门口，来了一位乞丐，他对站在门口的店员说："请给我一个面包吧，我好饿！"出于怜悯之心，店员对他说："好的，您稍等。"接着，他转身包好一个面包，可是当他要把面包递给乞丐的时候，看到乞丐脏乎乎的手，非常反感，他皱了下眉头，手不由自主地缩了回来。这一幕恰巧被旁边的老板看到，他赶紧走了过去，从店员手里拿过面包，非常有礼貌地把面包递了过去，并微笑着对他说："谢谢品尝！欢迎您再次光临！"乞丐离开了，但店员却一直对此感到不解，他一脸疑惑地问老板："对于这种人，我来打发就行了，您怎么还亲自过来招呼他？"老板告诉他："我们从事的是服务行业，热心对待每一位顾客是最起码的商业道德。当然了，乞丐也是我们的顾客之一。而这，恰恰是生意兴隆的秘诀。"

这位老板就是这样，不断用自己的思想和行动影响着店员，他不分贵贱地对待每一位客人，吸引了越来越多的顾客，他的生意也越来越兴隆，面包店的规模也越来越大，他为此收获的财富也越来越多。

如果能恰当地使用礼貌用语，员工的士气一定会大大提高，公司的效益也会得到大幅提升。你客气地请求别人去做事，比单纯的命令更容易让人接受。为客人开门，或者在女客人走进房间或者要离开时，帮她脱下或者穿上外套，这些日常生活中最基本的礼节，不用交任何学费就能学到。如果能将这些礼貌行为应用于工作、升职、签合同、与客户建立关系、交友等方面，你一定会收到意想不到的效果！

有的人不等别人把话说完就插嘴，这是一种非常不礼貌的行为。这种人都非常自私，喜欢炫耀自己，而不愿意静下心来听听别人的见解。他们很难引起别人好感，更别说给人留下好印象了，这无疑是对自己形象的贬低。而那位正在讲话的人，也会觉得这是他对自己的羞辱。打断他人的讲话，是在光明正大地告诉人家："我对你的话不感兴趣！"这是对人非常不尊重的一种行为。所以你要记住，认真地倾听别人谈话，是尊重人的一种表现，也是人与人之间交往的一个秘诀。

还有许多人跟人谈话时，话题始终围绕自己，这也是一种不礼貌的行为。但如果我们能经常问候一下对方的家人，询问一下对方的家庭和近况，就是在表达你对他的关心。但需要注意的是，对于人家的私事，不要问得太细，因为那是人家的隐私。适当的寒暄和问候，会让人感到亲切，给人留下一个好印象。

🔊 认真倾听是一种礼貌

你和朋友发生了争执，如果你能耐心听他把话说完，然后再表达自己的意思，他会更容易接受你的观点；如果朋友向你征求对一件事的意见，一定要以他为中心，而不是滔滔不绝地谈论自己的事；有时候朋友心里很烦，那你就多听少说，等他说完了，心情自然就畅快了。

幽默轻松的话语，一般都能吸引对方。要想让自己的谈话更显礼貌，你还得好好学学。许多话题都可以成为我们谈论的对象，比如简单的问候语，除了天气，还有很多事情我们也可以谈论。比如"你一直生活在那个镇上吗？""你家在哪儿？""那个城镇是不是很繁华？""你们城镇的足球队，今年又拿到多少金牌？""你现在在哪儿工作？"等等，这些都是很好的寒暄用语。

第一印象在任何时候都能派上用场，尤其是在求职时，第一印象更加重要。很多时候，我们都是偶然相遇，但也正是这偶然相遇，对我们以后产生了重要影响。能否在第一次见面时，就抓住对方的心，给对方留下一个好印象，这一点非常关键。第一印象的好坏主要来自三个方面：第一，是用力地握手，还是象征性地握手？第二，和上司说话时，你是目不转睛地看着他，还是左顾右盼？你是否一直在偷偷地看他身边漂亮的女秘书？第三，你的坐姿和站姿是否端庄优雅？

据说，菲利普亲王在对两千多名群众讲话时，会给人一种感觉，似乎在场的只有他和亲王两个人，这是谈话的最高境界。你们年轻人一定要记住这一点。如果你在讲话时，能够让听众也参与进来，听听他们的见解，让他们提一些问题，现场气氛一定会更活泼，更轻松，这样的谈话无疑是非常成功的。你要争取让自己的讲话也达到这种境界，并以此作为自己的奋斗目标。

🔊 **谈话的最高境界**

学校在给学生开会，但领导在上面讲得泡沫乱飞，台下的学生却有的昏昏欲睡，有的窃窃私语，有的干脆看起了课外书。你知道他的失败之处在哪里吗？如果他不时叫一个同学站起来提问题，发表对某件事的看法，你们一定会专心听，因为那个同学说的话，正是你想说的呀！

礼貌是一个人形象的重要组成部分，可是，我们该如何来提高自身形象呢？其中涉及很多内容，我在这里仅就服装方面简单说一下。

世界上有许多民族，从爱斯基摩人到非洲土著人，每个民族都有自己的服装，所以，服装的样式各式各样，每个人都可以根据自己的喜好选择服装，比如上个周末，我的穿着就是很随便的。但如果你要面试应聘者，或和下属一起工作，或拜访客户，服装就不能再随便了，必须西装革履，这样才显得庄重。如果你穿着随便，不修边幅，就无法给客户带来好感，本来可以签订的合同可能因此而取消。所以，在这种情况下，穿着就不能只考虑自身喜好了，而是要迎合对方的心理。当然了，如果你想一直在仓库工作，那你可以不擦拭皮鞋上的灰尘，但如果你想赢得他人好感，让别人对你有个好的评价，那你就要经常擦拭皮鞋了，而且你的裤子也要经常熨烫。

尽管服装和一个人的能力无关，但它却是主人的另一张嘴。比如下面这个情景：你接受了别人的邀请，女主人为了款待你，忙活了一整天，她把家里最好的银器拿出来给你用，并精心为你准备了一大桌美味佳肴。到了约定时间，男女主人换上正式的晚礼服，到门口迎接你，而你却穿着皱皱巴巴的上衣、有点褪色的牛仔裤前来赴约。此时，主人会怎么想？他们一定认为自己白白忙活了一整天！因为你的服装告诉他们：你对这次邀请根本就不在意！所以，为了避免尴尬，你最好西装革履地前去赴约，如果到了那儿却发现自己的穿着太过正式，你可以取下领带。无论如何，对自己的穿着一定要慎重，这是对女主人的礼貌，也是对主人盛情款待的感谢。

🔊 穿着搭配有讲究

如果一个人下身穿着一条牛仔裤，上身却穿着一件西服，你一定会觉得他不伦不类。如果一个学生整天西装革履，你也一定会觉得他的穿着不符合身份。如果一个人在冬天穿着一条夏天的裤子，即便他里面穿得再厚，你也会觉得有点不合时宜。所以，在穿着搭配时一定要讲究，整洁、得体、和谐很关键。

整洁得体的服装，会拉近人与人之间的距离。如果你的经济允许，你可以考虑买一套质量上好的晚礼服，用来参加周末晚上的派对。在餐桌前坐下后，把餐巾纸在膝盖上摊开，面前的16种银器，你也应该知道如何使用。我们这一代人，对餐桌上的礼节特别注重。以前就发生过不少这样的事：一些董事去董事长家做客，却因为不知道刀、叉、汤匙该如何使用，而丧失了晋升的机会。

一般来说，如果一位企业家想在一些人选中选出一位管理者，他一定会将餐桌礼仪作为一个重要标准，可见其重要性。听说有位企业家就通过观察下属在餐桌上的表现，作为最后是否晋升的标准。所以从某种意义上说，员工在职场上能否晋升，都是在餐桌上被确定的。比如一位企业家决定提拔一位高级职员，于是，他请两位候选人到大饭店吃饭，当服务员拿来菜单时，他先让职员来点菜，然后观察他们点菜时的态度。如果他们在点菜时犹豫不决，甚至征询服务员的意见，或者不按照顺序点菜（大饭店在出菜时都有一定的顺序，这一点在菜单上就有体现，如果顾客不从开始点，而是从中间点，厨师可能就会弄混），说明他们做事没有主见。

🔊 餐桌礼仪不可少

小小的餐桌上也有许多讲究，尤其是在家里来了客人时，我们都会把客人让到主位，吃饭时先让客人动筷，主人不放筷，我们就要一直陪着，给客人端饭时也要双手奉上，等等，每一个小细节都体现着一个人的涵养。

如果两位候选人各方面条件都相当，那么就要考虑他们礼貌是否到位、服装是否适宜、姿态是否优雅、谈吐是否得体、信心是否充足了。

说到这里，你是否领悟了我的意思？你要为公司挑选的人，必须能代表公司形象、能与周围的人和谐相处的人。符合我刚才所说条件的人非常少，而且，每一家公司都想得到这样的人才。他们品性端正，礼貌周到，就像一块璞玉，浑身散发着魅力，他一出场，就会立刻引起周围人的注意，你也要努力寻找这样的人才。你可以通过各种途径来寻找，比如公司的销售员，甚至来公司推销的其他公司的推销员，你都可以向他们询问。

爱德华·路卡斯曾经说过："再坚强的盾牌，都抵挡不住'礼貌'的长矛。"这话很有深意，从中我们可以想见礼貌的重要性。正踌躇满志、准备大显身手的你，不妨把这句话作为自己的座右铭吧！

爱你的父亲

智慧启迪

中华民族历来就是一个礼仪之邦，《论语》中说："不学礼，无以立。"意思是说，一个人如果不懂得礼貌礼仪，就难以立身处世，可见文明礼仪的重要性。所以，我们要从身边的点点滴滴做起，让礼貌成为一种习惯。在家里吃饭时，主动端饭端菜；吃饭后，主动收拾碗筷；见到老师主动打招呼；进老师办公室或宿舍时，先敲门；不在背后对老师评头论足，不给同学起侮辱性外号；请同学帮忙，别忘了礼貌语；不探查同学的隐私，等等。

16 不可忽略的内在动力：
积极暗示激发下属工作的热情

> 小约翰的心声：亲爱的爸爸，在管理工作中，我发现一个很奇妙的现象：自己不经意间的一句话，下属却突然充满干劲，一个星期干的活儿，抵得上以前两个星期干的！这让我感到非常惊讶！难道，是我的话语中包含着某种力量？亲爱的爸爸，这是怎么回事啊？

亲爱的小约翰：

作为一名企业家，应该掌握一个基本的管理原则：管理者明确的态度和员工愉悦的心情，可以对员工产生巨大的激励作用。这一点，在生活中也同样适用。

每个人在他的一生中，都扮演着两种角色：自我和自我眼中的他人。在你激励他人的同时，也在激励着自己。

那么，什么是激励呢？激励就是给自己和他人注入一种"内在的动力"，从而促使其做出正确的抉择并付诸实施，这是一个人取得成功的动因。具体来说，高涨的情绪、热情的态度、行动的习惯、良好的态度、果断的性格、美好的愿望、充分的信任等，都会给人以积极行动的动力。

"暗示"是激励中最常用的一种方法，也是对自我和他人有效激励的一个秘诀，"暗示"的巨大作用，是人类历史上的一个重大发现。也就是说，如果你想成为某种人，只要你有积极的态度，并甘愿付出，那么，不管你是否有丰富的经验、过人的才智，也不管你过去生活的环境如何，你都能得偿所愿。

🔊 积极的暗示是一种激励

不管是对自己还是对他人，积极的暗示都是一种巨大的动力。一个学习成绩本来就很差的学生，如果老师对他说："你怎么学成绩也好不了！"那他的成绩可能一直很差。相反，如果老师给予他积极的暗示，他一定会成为一个好学生。知道了这一点，我们为什么不多给自己一点积极暗示呢？

要想达到激励自己和他人的目的，就不能忽视了"暗示"的作用。比如一位销售员性格胆怯，但工作又需要他积极主动，那你就要给他讲清这一点，告诉他，胆怯和恐惧并不可怕，其他人是如何克服的，并建议他经常对自己说一些激励的话。比如每天早上或开始一项新的工作之前，都要对自己说："我能行！我一定能行！"

假如在一个特殊的环境中，需要员工积极大胆，但他却表现得畏首畏尾，他更应该这样暗示自己，并根据"立即行动"的暗示，立即行动起来。

　　当销售员出现欺骗行为时，你首先要做的就是找他谈话，如果他愿意改正，那你就给他讲讲，其他人是如何克服这个毛病的？并给他推荐一些励志书，告诉他，在销售中要不断暗示自己："一定要诚实！诚实！"尤其是在被他人引诱欺骗或者已经欺骗时，更要勇于面对。这一点，我相信你应该能理解，这对你管理公司是很有帮助的。

 **小/故/事**

心理暗示的神奇效果

　　"近朱者赤，近墨者黑"是我们大家所熟知的一句格言，说的是环境对一个人具有重要影响。但美国人罗杰·罗尔斯却用自己的经历向我们证实这句话是不对的。他从小出生并生活在纽约一个贫民窟，那里聚集了大量偷渡者和流浪汉，在那里出生和长大的孩子，从小就学会了逃学、打架、偷窃，甚至吸毒等不良行为，但罗尔斯却没有被他们同化，他不仅考上了大学，最后还坐上了纽约州长的位子。许多人都对此感到奇怪，到底是什么力量让他做到了出淤泥而不染？

　　原来，罗尔斯小时候也和其他孩子一样，非常调皮捣乱，他故意与老师作对，和同学打架，甚至打碎教室的黑板，旷课逃学更是经常的事。但幸运的是，他遇到了一位好校长。这位校长经过一番调查，发现这里的人们都有一个特点：特别迷信。所以，在他上课之余，经常给孩子们看手相，在他看来，似乎每一个孩子都是那么不平凡，他们要么成为州长，要么成为议员，要么成为富翁。轮到罗尔斯时，校长一看他的手就高兴地对他说："你将来一定会成为纽约州州长！"听到这话，罗尔斯有点吃惊，但他还是把这话记在了心里。从此，他就以州长的标准要求自己，他的衣服变得干净了，说话变得文明了，走路时腰杆挺得更直了，他看起来是那么自信。在接下来的几十年时间里，他从未放松过对自己的要求，终于，在他51岁那年，他成了纽约州长！

　　信任也是激励员工的一种有效方法。当你相信员工一定可以时，他就一定会成功。但信任有积极的信任和消极的信任，消极的信任就像盲人的眼睛，在看东西时一点力量也发挥不出，所以你必须清楚，我们要运用的是积极的信任。用你积极的信任，告诉员工："我相信你一定能圆满完成这项任务！我们大家都相信你，我们会在这里，等待你凯旋而归！"

📢 信任的力量

人的心理有时候很奇怪，如果某人在做一件事时犹豫不决，这时一位权威人士站出来对他说："你去做吧，一定会成功！"结果他就真的会成功。这就是信任的力量。信任，可以让自闭的同学向你敞开心扉，甚至会改变他的人生。

书信也是表达信任和激励的一种有效方式，就像我经常给你写信一样。在我看来，书信是表达个人情感和激励他人的有效工具。现在，你已经知道用书信来表达对他人的信任了，我希望你能继续下去，并将这个优点发扬光大，除了给我和一些亲人写信外，还要给你的员工写信。除了总公司，我们还有许多分公司，它们遍布全国，甚至全球，你没有那么多精力经常去巡视各个分公司和部门，但写信却是你和他们沟通的好方式。

写一封信，并在信中提出自己的建议，对收信人的心理产生影响，这是任何人都可以做到的。也许若干年后，当你为人父时，你的子女去异地上学，书信就会成为你们沟通的有效工具。这种效果是其他任何方法都无法替代的。

在书信中，你可以向孩子表达你的思想和情感，也可以和孩子探讨一些问题，而这些问题，可能在面对面的交流中无法启齿，或者即便提到，也不会深入探讨。此外，你还可以在字里行间，对孩子良好性格的养成产生影响。

如今的孩子，因为当时的环境和抵触心理，一般都很难接受别人当面提出的忠告，但字迹清晰、语言亲切的书信却可以做到。如果你在书信中措辞得当，孩子就会乐意听取。

现在，你已经是公司的一名决策者，所以，在给员工和部门主管写信时，一定要注意自己的身份，恰到好处的激励话语，可以鞭策他们卖力工作，打破以往销售记录。同样，如果一位销售员给他的部门经理写信，部门经理也会从这种激励中获益匪浅。

咱们之间经常通信，所以你应该知道，在写信的过程中，我们要把自己的思想反映到纸上，要想做到这一点，就必须经常思考。如果需要员工对某件事做出答复，那你就在信中把这些问题提出来。

📢 书信的力量

许多时候，书信具有不可估量的作用。有些心里话不方便直接说，那你可以借助书信的方式。如果你在异地上学，不妨试着给爸爸妈妈写信，你一定会惊讶地发现，这和电话交流绝对不是一样的效果！而且，在写书信的过程中，你的写作能力也会不知不觉地得到提高哦！

父母总是在激励自己的孩子，希望他们快点长大，成为人中之龙凤。比如托马斯从小就生活在家庭的温暖和信任之中，父母对他的信任，使他不用分心去考虑如何避免自己惨遭失败的痛苦，而是心情愉悦、全身心地追求成功。信任在他的身上发挥了重大作用，激励着他把自己的最大潜力发挥出来，在这里，信任变成了一种无形的激励工具。可以说，是托马斯的妈妈造就了他。她用自己对孩子深深的爱和无限的信任，激励着孩子朝自己期望的理想迈进！所以，在管理工作中，你也要善于利用信任去激励员工，在这个过程中，你还要设法让他们树立自信心。

需要说明的是，要想让你对员工的激励发挥应有的效果，必须把适当的人放在适当的位置上，并授予他必要的权限，这样员工的积极性才会被调动起来。在具体应用时，激励的方法也要考虑具体的人、时间、地点和事情。下面这两点，我觉得有必要和你说明一下。

一般来说，人的需求是由低到高，在低级需求获得满足后，就不能再以此作为激励的手段了。人的需求有很多，但只有最迫切的需求激励的效果才最大。

和你探讨激励这个话题，是希望你能树立坚强的性格，养成积极主动做事的精神，找到一种引导你前进的动力，从而获得更大的成就。

首先，你要养成积极的心态，这是激励自己的前提。许多管理者都知道，亲临现场和销售员一起工作，通过树立榜样的方式来激励员工，是一种很有效的方式。

有一次去麻州分公司视察工作时，我听到一位销售员抱怨：他来西奥克斯中心工作已经两天了，却连一份合同也没签！在他看来，附近居住的都是荷兰人，荷兰人讲究帮派，对陌生人的东西天生充满了排斥，所以他说在这里进行销售，简直就不可能！而且我还听说，那片土地已经歉收好多年了。

尽管如此，在我的建议下，我们第二天还是驱车前往西奥克斯中心。在车上，我将头后仰，闭上眼睛，身体放松，将我的心理状态调整到最佳，开始思考为什么我能把东西卖给他们，而不是想为什么我不能把东西卖给他们。

我当时是这样考虑的：尽管这些荷兰人因为讲究帮派而不愿意买我们的东西，那也没什么。如果我能把东西卖给他们中的一个，甚至是他们的一位领袖，那我就能把东西卖给每一个人。眼下我要做的就是，努力做成第一笔生意，哪怕是花再多的时间、再多的精力，我也要去做！

另外，这片土地不是已经歉收好多年了吗？这是好事啊。因为我知道，荷兰人都非常优秀，他们勤俭节约，做事认真负责，所以，他们一定会设法保护自己的财产和家庭安全。也许他们还没有接触过金融业务，因为这里的销售员都有一种消极的心理，也从来没有和他们交涉过这方面业务。但这项业务对他们来说，却是一项风险很低的赚钱门路！

在我们到达西奥克斯中心后，我首先去了一家银行，从他们经理那里了解到很多情况。然后去找荷兰人中威望最高的迈克尔先生，我的诚意感动了他，于是，生意很顺利就做成了。

🔊 **榜样的力量**

市场上有许多励志书，都是通过讲述一个个小故事，给我们树立榜样的，这些短小的故事，不知道激励了多少人！作为一名班干部，要想让大家都听你的，就要以身作则，大家看你都去做了，他们还能愣在那儿不动吗？

同样的地方、同样的人，别人没有成功，我却成功了，这其中有什么秘诀吗？其实，我取得成功和他们失败的原因都是一样的：在那位销售员看来，因为他们是荷兰人，并有很强烈的帮派观念，所以保险卖不出去，这是一种消极的心态；而在我看来，因为他们是荷兰人，并有很强烈的帮派观念，所以我相信他们一定会和我合作，这是一种积极的心态。

另外，在那位销售员看来，他们已经歉收好多年，所以不可能买我们的保险，这是一种消极的心态；而在我看来，他们已经歉收好多年，所以一定会买我们的保险，这是一种积极的心态。所以，我们能取得不同的结果，原因就在于心态不同。

所以，不管我们做什么事，都必须迎难而上，并坚信自己一定能做到，学会用积极的心态去从事工作。那位销售员失败了，但我却在同一个地方取得了成功，我用自己的行为给他们树立了榜样。

亲爱的儿子，跟你说了这么多，除了要你继承家族的产业外，更想让你在失败中走向成熟、走向成功，并从中找到自己追求的东西，如卓越的智慧、崇高的品质、幸福的人生、健康的身体，甚至比我们家族的财富更重要的东西！

爱你的父亲

你是不是还在为口吃的毛病而烦恼？是不是一次次决心改正，却又一次次失败？历史上有一个人因为口吃而丢掉了一大笔财产，为此，他发奋努力，终于成为了流传千古的著名演说家！你的口吃并不厉害，一定也可以改正！给予自己一个积极的暗示，即便不能成为一位大演说家，克服口吃也应该不是问题。

17 别让批评的风把人刮倒：做出有价值的批评

> ◯ 小约翰的心声：亲爱的爸爸，前几天在公司，我遭到了哈里没来由的批评，而且还当着那么多人的面！我感到我的自尊心受到了严重的伤害。即便我有那么一点点做的不对，他也不应该这么大肆渲染吧！这明明就是在故意找茬！对此，我感到非常郁闷，一连几天，我的工作效率都非常低。亲爱的爸爸，在哈里的手下工作，我都不知道以后该怎么做了！

亲爱的小约翰：

就人的本性来说，几乎无一例外，谁也不愿意被人批评。这是我们无法回避的事实，自古以来就是如此。

我知道，你在上周挨了哈里的批评，对此，你一直耿耿于怀。这一点，我从你的脸上就看出来了！你一定觉得自己遭受了严重的挫折吧？你的心情我完全可以理解，虽然我知道哈里对你的批评并不完全正确，但他一定给你的自尊心造成了不小的伤害。

爸爸想告诉你的是，有的人批评你，不一定是因为你做错了什么，他们也可能是想通过批评你来达到某个目的！所以，在遭到批评的时候，一定要先弄清是什么人在批评你，他为什么批评你。要知道，即便是再厉害的一个人，他在性格上也一定存在某些弱点。一般来说，心胸狭隘的人缺乏对周围人和事的关爱，他们目光短浅，把精力都放在了无所谓的小事上，就爱斤斤计较。

以我自身的经验来看，大约只有10%的批评是有价值的，其他90%的批评则充满嫉妒、恶意、愚蠢，甚至是故意找茬。如果你不了解这些，而只是一味地心怀怨恨，就会让自己错失很多成功的机会。所以，在遭受批评时，我们必须首先弄清别人对我们的批评是否有价值。

🔊 弄清批评的价值

人是一种情绪化的动物，有时候自己心情不好，不自觉地就会把气撒到不相干的人身上，给人造成莫名其妙的烦恼。所以，当别人对自己提出批评时，先冷静想一想，自己是不是真的做错什么了？如果没有，大可不必为此而烦恼。如果做错了，就要虚心接受，并及时改正。

所以，赶紧忘掉那些毫无价值的批评吧！因为那些不公平的、恶意的批评，只会让你徒增烦恼，甚至折磨得你整夜整夜地睡不着，但对你却一点好处都没有！

批评对人的杀伤力，甚至连武器都无法比拟！所以，必须准确熟练地判断别人对自己的批评，否则，你的情绪很容易被他人左右，饱受恶言恶语的困扰和心灵的伤害。当然了，我也不是说所有的批评都没有价值的，善意的批评就能让我们从中受益，甚至会改写我们的人生！

善意的批评如果能配合委婉的方式，被批评者就很容易接受，而且还会产生建设性的作用；相反，不加考虑就贸然对人提出批评，效果肯定会差强人意。你对下属的批评具有建设性还是破坏性？受到批评的下属是决心改正，还是有一种自尊心受挫的感觉？作为一名企业主管，你在对别人提出批评之前，一定要先想清楚。如果你对下属批评之后，他并没有心悦诚服，也没有心甘情愿地去纠正错误，而是心情低落，工作效率严重下降，那你的批评不仅让你达不到预期的效果，反而还会让你损失更多！所以，巧妙而善意地提出批评，是你必须掌握的一个技巧。

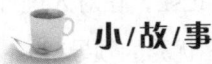 **小/故/事**

善意的批评将人引向成功

走进英国亚皮丹博物馆，许多人都会被那里的两幅画吸引：一幅人体骨骼图，一幅人体血液循环图。这两幅图的作者是一个小学生，他叫约翰·詹姆士·麦克劳德。

麦克劳德从小就对周围的一切充满了好奇。上小学时，有一天，他突然对校长的狗感兴趣起来，他好奇地想："狗的内脏到底是什么样的？"在好奇心的驱使下，放学后他约了几个同学，设法把那只狗诱来，然后杀掉，小心翼翼地把狗的内脏摘除出来，开始仔细观察起来。这事很快就被同学告诉了校长，校长气呼呼地赶来，要知道，这可是他最喜欢的一只狗啊！

大家都觉得，校长一定会狠狠地惩治麦克劳德，都等着看他的笑话，但校长的惩罚却让他们大为失望，因为校长只是命令麦克劳德画两幅图，一幅人体骨骼图，一幅人体血液循环图！原来，校长知道麦克劳德一向是个懂事好学的孩子，他一定是受了好奇心的驱使，才杀掉自己的狗。所以，他得想个办法，既让麦克劳德认识到自己的错误，又保护他的好奇心，还能让他从中学到一些知识，所以才想出这么个办法。

再说麦克劳德早就知道自己错了，校长的惩罚，他甘愿接受。接下来，他认认真真地画了两幅图交给校长，因为这两幅图画得非常好，这件事也就不了了之。若干年后，麦克劳德成了一位著名的生物学家，他还在人类历史上第一个研究发明了治疗糖尿病人的胰岛素，并因此获得诺贝尔奖。他的巨大成就与当年校长巧妙的批评不无关系。

人们经常会忽略个体在心理和习惯上的差异，这就是我们为什么把有些人比喻成蒲公英，却把有些人比喻成玫瑰一样，你不能要求所有人都一样。比如在同一间办公室里，有的人喜欢安静，有的人活泼好动；

有的人做事积极，有的人则需要别人指挥；有的人擅长这个，有的人擅长那个。为了维护整个团队的工作效率，对那些意志消沉、工作被动、整天闷闷不乐的人，你就要提出批评了。但是一定要记住，在对人进行批评之前，一定要经过深思熟虑，这样你才能成为一名优秀的领导。

🔊 巧妙而善意的批评

　　如果你的朋友做错了什么，你可以私下找他谈一下，或者通过写信的方式告诉他，哪里做得不够好，应该如何去改进。如此一来，你既照顾了朋友的面子，也给他提出了宝贵意见，是一种善意的、具有建设性的批评，朋友也一定会感激地接受。

　　我们在拥有生命的同时，也拥有了薄弱的皮肤和脆弱的心灵，一不小心就会伤害到它们。虽然有时候批评者也是出于好意，但被批评者却不一定有一颗宽广的胸怀，他们不一定能接受你善意的忠告，甚至还可能从此生活在挫折和痛苦之中。在这些人的心里，他们在意的只是别人如何评价他，而不是认真反思自己是不是真的错了。

　　我还要再强调一遍，在批评之前，一定要经过深思熟虑，并选择恰当的批评方式，不然，谁也接受不了你的批评，甚至会对你敬而远之。在公司里，如果大家都厌恶你的批评，虽然他们嘴上不说，却在内心早就开始抵制你了，他们的工作效率也开始严重下降，从而给公司带来巨大损失。

　　最近，许多企业在管理时采取"职务评价"的方式。方法是把员工挨个找来，总结他一年中工作的得失，并逐条列举出来。这种方法，我是非常反对的。无论从人的心理，还是人性上来讲，都是说不通的。为什么这么说呢？因为，一个人在那么短的时间内，突然听到那么多赞美的话和那么多批评的话，一般人都是很难接受的。

　　所以在我看来，最好把"职务评价"分配到每一天。特别是公司的主要领导，你要每天都考核他们的业绩，对他们的表现给予及时赞赏或指正。把奖惩统一放在一年的末尾，在我看来，这和学校的期末考试没什么区别，太形式化了，也没有什么实质性意义，所以不可取。下属今天在工作中出现了困惑，你就应该在今天给予指导，而无需等到三个月后的"评价日"。所以，如果今天可以避免错误，就不要等到第二天。而且我始终认为，一箩筐的批评永远比不上一点一滴的批评更有效，这是批评的技巧，有利于缓解员工的心理压力，提高工作效率。

🔊 及时地赞美和批评

不管是赞美还是批评，都要及时表达出来，不要时隔太久。及时的赞美利于好习惯或好行为的及时强化，及时的批评也有利于及时反思，在点点滴滴中实现成长和进步。另外，在批评时，最好能提出具有建设性的意见。

咱们暂且先不讨论这些理论问题，先来分析一下你现在的情况吧！你是否静下心来想过，那个批评你的人是个什么样的人？他的批评是属于毫无价值的90%呢？还是属于善意的10%呢？他是在故意找茬，还是对你提出了宝贵意见？抑或只是措辞不当？如果是不良的批评，那你就要和他好好谈谈，但是一定要把持住自己，不然可能会功亏一篑。

亨利·汤姆林斯曾经这样告诫过我们："别让批评的风把我们刮倒！"对于外界给我们的批评，一定要认真思考，并作出恰当的回应。记住，不经过认真思考的批评，就像长期缺乏保养的下水道，很容易就垮掉！

合理而善意的批评，你一定要虚心接纳；无礼而恶意的批评，你一定要严厉抵制，对于他人的恶意中伤，绝不默默承受！

人生在世，难免会受到他人批评，或者批评他人。尤其是当你渴望做出一番成就时，批评人更是不可避免的。所以，亲爱的儿子，趁着现在还年轻，赶紧学习应对批评的技巧吧，这一定会让你终生受益！

爱你的父亲

在学校，我们有时候会被老师批评；在家里，我们有时候会被父母批评。是不是有时候觉得很冤枉？以至于每次他们批评你时都产生了一种抵触心理？看完这封信后，你有什么感想？受到批评后先别激动，先好好想想，他们为什么要批评你？是不是你真的哪里做错了？如果真的是自己做错了，那就及时改正。如果是父母因为在单位受了气，回来拿你撒气，那你也别急着辩解，先等他们气消了，再去跟他们说，他们一定会认识到自己的错误，甚至还会给你赔礼道歉呢！

18 千方百计激发员工做事的积极性：
实现高效的用人之道

> 小约翰的心声：亲爱的爸爸，做了一段时间的管理工作后我发现，如何用人和管理人真是一件麻烦事儿：有的人明明很有能力，在工作中却怎么也发挥不出来；有的人，他的才能让我很欣赏，但我听说他的品行不好，我有点犹豫，这样的人我能不能用？有的人在工作上很优秀，怎么在个人生活上就不知道检点？还有的人缺乏主动做事的能力，我很奇怪，他们干嘛非等着上级给他施压？唉！管理人可真难啊！

亲爱的小约翰：

如果说管理是一门艺术，那么人的管理则是艺术中的艺术。管理艺术的精髓便是弄清楚复杂的人际关系。在管理艺术中，难度最大的要数如何用人，但这也是企业家充分展示才华的地方。由此可见，激发人做事的积极性是一项极具挑战性的工作。企业的发展，离不开全体员工的共同努力，是对团队合作精神的考验，所以你要记住，要想让企业发展壮大，关键是要用对人，并掌握调动员工积极性的方法。

想要合理地使用人才，首先就要对每个人进行深入了解。对企业来说，在对人进行培养和使用之前，一定要重点考察其道德品质。一旦出现用人不当，将会对整个公司的运营产生影响。尤其是我们的企业规模这么大，任何一个人才的任用都可能会对企业发展产生影响。所以，千万不要凭个人感觉用人。

你一定要对员工、特别是领导层的人有所了解，也就是说，你要充分考察、认识、选择之后才能予以任用，要根据个人特点安排合适的岗位，这才是用人之道。知人善任，就是要充分考察每一个领导层的领导者，对他们进行深入了解，为他们分配适合的岗位，以便于他们能够发挥特长，施展才华，这也是企业家的首要任务之一。

◀))把适当的人放在适当的位置

每个人都有自己的专长，就像老师在安排班干部时一样，一定要先考虑每个人的专长。学习委员一定是学习成绩不错的，班长一定是管理能力强的，而不一定学习成绩有多好，各科代表一定是对那一门课比较感兴趣的，这样一个班级才会上下同心，协调一致。

一个企业就像一部机器，虽然已经有了先进的设计理念、合理的内部结构和便捷的操作程序，但高素质的操作人员也不可或缺。一般来说，大的方针确定之后，各个层级的领导者便成了决定胜败的关键因素。

关键岗位人才的使用是否合理，关系到企业经营状况和企业目标的达成，所以，为了选拔合格人才，你要舍得花费时间。你一定要认真考察，严格挑选员工，特别是各个层级的领导人。下面是我们一个竞争对手的做法，或许会对你有所启发：为了选拔一名车间主任，相关负责人先后和20多名大学生候选人进行谈话，又一遍遍考察，测试，比较，选好后又把他们分配到科技、销售和生产一线等部门进行试用，作为进一步考察，直到所有环节的考察都通过了，才最终委以重任。从中我们可以看出，为了考察和选拔一名人才，他们花费了多么大的精力啊！这一点，你要好好学习和借鉴。

在我们公司，就个体而言，可能存在品德和才能发展不平衡的情况。有的人品行优良，可是欠缺才华；有的人能力出众，但是品行却一般。两者相比，我们要更注重品德。因为人的品德难以改变，而能力却可以逐渐提升。而且，大多数工作本身并不太难，只要能调动他们的积极性，照样能把工作做得很好。但品行恶劣的人则刚好相反，甚至还会造成负面影响。

🔊 关注人的品德

有一种说法是，一个高学历的人，如果他的品德不好，其破坏性比低学历品德不好的人更可怕。所以，一个人的能力再强，如果品德不好，对一个单位的发展也是不利的。这也是许多用人单位首先要考虑的问题，我们在交友时也要把品德放在首位。

虽然一个品德高尚正直的人不一定能成什么大事，但如果一个人品行恶劣，就很可能坏事。所以，如果一个人在品性方面存在缺点，就不仅仅是工作成就好坏的问题了，这种人，绝对不能提拔为领导者。所以选用人才首先要考虑一个人的品德，这是最基本的要求。

对待员工，你一定要一视同仁，心怀宽阔，评价员工时不能以偏概全，更不能带有偏见。你要多角度、多层次、多途径地认识和考察一个人。远离那些爱拍马屁、阿谀奉承的人，他们就是最容易坏事的小人，而那些敢于批评和指正你的人，才是对你有所助益、难能可贵的人。

一个有着雄心壮志、勇于探索的人，在处理问题时不免会有些不细心、不周到的地方；一个才能出众、敢于推陈出新的人，有时候看起来会有些目中无人、自高自大；一个坚忍不拔、坚持不懈的人，有时候表现得主观性强、做事武断；等等。所以，如果一个企业家喜欢吹毛求疵，就只能看到别人的缺点而看不到别人的优点，这样的企业家本身就不是一个有能力的人，更缺乏一个公正英明的企业家对员工应有的态度。

　　一位优秀的企业家，必须把注意力放在事物的主要层面，切勿轻信流言蜚语。不然，真正有能力有才华、组织协调能力出众、有宏图大志的人就很难有机会施展自己的才华了。

🔊 关注优点，而不是缺点

　　在人类社会中有一个很奇怪的现象，越有才能的人，他的缺点就越突出。你想和优秀者交朋友吗？那就摒弃自己的偏见，多关注他人的优点，而不是缺点。

 小/故/事

金子蕴涵在矿渣中

　　安德鲁·卡内基是美国历史上一位著名的钢铁制造大王，美国历史上最富有的人之一。他白手起家，经过一些年的努力奋斗，终于拥有了自己的事业，并且做得很成功。他成名之后，手下有四十多个百万富翁为他做事！要知道，在当时，百万富翁像现在的亿万富翁一样罕见。人们都很奇怪，这些人都这么有钱了，干嘛还在卡内基手下打工呢？而且，卡内基怎么舍得给他们开这么高的工资呢？于是，有人带着这个问题去问卡内基。卡内基告诉他："你知道他们为什么会成为百万富翁吗？这是他们为我工作的结果啊！"

　　那人又接着问："那您是如何把他们培养得具有这么高的身价，并且富有之后还甘愿为您工作呢？"卡内基告诉他："这其实跟开采金矿是一个道理。虽然矿石的含金量很高，但矿渣和废石更多，人们为了获得一盎司的金子，往往要挖出几吨的废石和矿渣！但人们并没有因此而放弃，因为他们清楚地知道，他们的目标是金子！培养人也是如此，只要员工能为我们创造财富，只要他们的缺点不阻碍他们的工作和我的事业，我就无须介意，我只要努力去寻找和挖掘他身上的'金子'就可以！所以，在他们为我创造巨额财富的同时，自身也就得到了巨额财富！"

在对人才任用之前，一定要先认真分析工作任务本身的性质、责任和权限，以及对任用者基本素质的要求，并进行明确说明，然后再根据员工的优势和特点进行任命。要从事业发展的大局出发，充分考虑员工的具体特点，做到合理分配。如果分配不合理，压制了员工能力的发挥，对我们事业的发展将是一种极大的浪费。

每个人都有自己的专长和所能，有的在分析方面具有特殊的天赋，有的适合做综合类的工作，有的在技术操作方面很熟练，有的在管理方面独具心得，有的是财务会计方面的能手，有的在交际领域游刃有余。每一种特长都有适合其发展的平台，不同工作也对人提出了不同的要求，人的才能也应该与他所承担的职务相适合。分配给每一个人的职务应该最大限度地激发员工的潜能，既不能让他们觉得勉强应付，也不能让他们觉得太过轻松。充分发挥每一个人的优势，员工自然会积极工作，管理效率自然也就上来了。

不同岗位对人的要求也不尽相同，不同特长的人也应该被分配到不同的岗位。那些既有全局观念，又擅长协调沟通，能够知人善任，有杰出的组织才能，并胸怀大志的人，就是一位优秀的管理人才。

每个人都有自尊心和自信心，都有追求成就和荣誉的愿望，都希望通过自己的努力去完成某项任务，实现自身价值。所以，你既然打算任用一个人，就要充分信任，大胆放权，在他们的职责范围之内，让他们尽情施展自己才华，完成好自己的工作。对于你来说，除了必要的指导和检查外，不要随意干涉他们的工作，更不要指手画脚。

🔊 充分信任，大胆放权

你想委托别人去做一件事，那就要充分信任人家，不要总是怀疑地问："你能做好吗？""不会耽误时间吧？"之类的话，既然决定把事情交给人家去做了，就要充分信任，不要过问太多，至于人家怎么做，那是人家的权利。充分信任、大胆放权会给人注入一种积极的动力。

信任和尊重能够鼓舞人心，激发员工投身事业的热情和责任，并且，上级先要信任下级，下级才会信任上级，从而产生一种凝聚力，上下一心、齐心协力地完成好工作。与此相反的是，如果伤害了员工的自尊心，他就会不自觉地产生一种抵触和反抗心理，这对他的工作和人际关系发展是极为不利的。

如果你对自己的下属不信任，就很难放手让他们开展工作，即便你说了要授权给某人，也不会把自己的许诺落到实处。有的领导者嘴上说让员工放手去干，但内心却存在疑虑，担心他能力不足，又怕他在工作中有什么闪失，对于有能力的人，他还担心人家会不服从他的管理，于是越俎代庖，干脆包揽了下属的工作。甚至越级指挥自己下属的下属，这样一来，中层领导就陷入了非常被动的境地。有些知识他根本就不懂，却仍然要指手画脚，甚至轻信流言，公开对自己的下属表示怀疑，等等。所有这些，都让员工的积极性大受挫折，不利于工作的正常开展。

要想激发员工们的积极性和创造性，一方面要大胆放权，给下属独立开展工作的机会；另一方面要关心下属，即便下属在工作中出现了失误，你也要勇于承担，不能有了功劳就争，有了错误就躲。还要说到做到，不能说一套做一套，不然就会丧失下属对你的信任，让你威信扫地。

对下级要奖惩分明。这是激励先进、鞭策后进的一个有效策略。要引入竞争机制，避免出现干多干少一个样的情况。假如员工表现突出，不仅没有得到奖励，反而还遭到非议，那么，真正有才能的人就无法脱颖而出。所以，对于有才能的人，你不仅要做到自己不妒忌，还要在团队内部彻底消除这种心理，因为，正当的竞争是创造良好用人环境的前提。

🔊 奖惩分明，创造良性环境

如果你在家积极表现，却总也得不到父母的表扬，或许你就会失去表现的动力，反正做不做都是一样嘛！如果你在考试中通过作弊得了高分，老师出于私心没有惩罚你，或许你就会在以后的考试中，更加肆无忌惮，短期内你虽然赢得了高分，但你真的学会了吗？

在企业经营过程中，还要注重培养各层级的管理者。如果对这些领导者只使用而不加培养，说明你缺乏战略性眼光。

要根据实际情况，通过各种途径、采取各种方式，培养和提升各层级管理者的能力。工作实践就是一种很好的培养方式。在实际工作中，适当地给他们施加一些压力，可以不断地提高他们的工作能力，提升工作效率，这种培养方式比较常见。我们经常看到，有些单位工作任务很重，但人却很少，这种单位往往更容易出人才。因为，员工们在这种环境中，每个人都承担着很重的任务，所有人都在超负荷地工作，不知不觉中就养成了勇于接受挑战、克服困难的良好品质。

🔊 适当加压有助于才智的发挥

压力太大虽然会给人带来疾病，但适当的压力却会给人一种做事的动力，有助于才智的发挥。给我们的学习适当加压，成绩就会不断提高；给我们的生活适当加压，我们的人生就会更精彩！

你要牢记：不管想什么办法，目的只有一个，那就是激发员工的积极性！不能单纯从工作出发，设定那些非常理想化但实际上却谁也做不到的职位，否则，即便有人得到你的任命，他也会认为你这是故意跟他过不去，更别说调动他的积极性，让他圆满完成工作任务了。

只有职位设置合理，并且被任命者也觉得自己可以承担这项工作的时候，其积极性才会被调动起来。而你一旦选定自认为合适的人选，就要赋予他一定的权力，使他能够充分发挥自己的才能。这样的话，他才会以最大的热情投入到你所安排的工作当中。

如果你总是试图不停地指挥他，对他指手画脚，那他的积极性就会逐渐丧失，才智也无法被发挥出来。所以，从某种意义上说，授权是调动员工积极性的最有效方式之一。

当然了，授权也不是没有原则的。但只要他不随意滥用你赋予他的权力，你就要尽力支持他的工作，让他大胆按照自己的设想和计划去做，而不是指手画脚地对他说："这事你应该怎么怎么做。"说实话，他的想法很可能要比你高明很多，当然了，我这么说并不是在贬低你，因为这个人才还是你发现的嘛。

必胜的信念是我们从事任何事业成功的保障。作为一名管理者，必须让下属相信，他完全有能力从事这项工作，这一点非常重要，因为可能许多人对自己都不是很有信心。一名优秀的管理者，一定要设法让下属相信，以他的才能，完全可以把这项工作完成得很漂亮。

另外，如果你希望下属把工作做好，那你就给他制订一个切实可行的目标。在他拿到这个目标的时候，一定要相信自己可以完成，而不是看到目标后就被吓得摇头，怀疑自己可能做不到。这样的话，他还有什么积极性可言？但这并不是说，我们给下属定的目标不能带有一定的难度，因为带有一定难度的大目标，反而会有更强的吸引力，可以调动他们更大的工作热情，激发他们挑战困难的决心和斗志，这样的话，他们的积极性也就被调动起来了。

🔊 制订切实可行的目标

教育学中有一个原则，叫作"跳一跳，摘桃子"。意思是说，老师给学生设定的目标（桃子）虽然充满诱惑，但不能遥不可及，而是经过努力（跳一跳）之后，可以获得知识（摘到桃子）。在现实生活中，我们在给自己设定目标时，也要讲究目标的切实可行。

不管我们给下属制订什么样的目标，都必须确保目标的明确性。大致的目标也不能含糊不清，否则下属在执行起来，很可能会出现无所适从的情况。宏伟的目标也必须切实可行。一般来说，宏伟的目标对员工更具有鼓舞性，可以作为一种生动、有力的口号，激发员工们的斗志。口号的作用本来就是要给人们制造一种氛围，让置身于其中的人更加充满热情，对企业家来说，不也是这样吗？

爱你的父亲

你想将来自己创业，在生意场上做出一番成就，一定要知道，如果没有他人的支持，即便你再努力拼搏也是不够的。你得建立自己的公司，招聘一定的员工，而这些员工，就是你事业有成的支柱，他们努力付出还是消极怠工，关系到你事业的成败。所以，管理人是必须掌握的一门技巧。

19 学会拒绝：开除员工也要讲技巧

小约翰的心声：*亲爱的爸爸，我发现公司的总务部长能力的确很强，但他跟咱们公司的文化又是那么不协调！他突出的个性已经不仅仅是个人问题了，有好几个下属都给我反映过这种情况。而且，他说话总是口无遮拦，连工作内容都被他当作饭后的谈资，这对咱们公司可是极为不利的呀！基于此，我想找个机会把他开除出去，可又有点头疼，毕竟他已经为咱们公司服务了好多年，我这样做，会不会把他带到绝望和痛苦中？亲爱的爸爸，您说，我是不是顾虑太多了？*

亲爱的小约翰：

有时候出于迫不得已，我们会开除某个员工，尤其是对公司总务部长的开除，让你感到非常头疼，因为你意识到，你的做法可能会把人带到绝望和痛苦之中。你有同情心这是件好事，说明你是个宅心仁厚、懂得体贴他人的人，这是个优点我非常喜欢。

但你也要知道，公司的成功，需要所有员工的共同努力，这一点毋庸置疑。如果某个员工不能胜任自己的工作，虽然不至于对整个公司的发展造成多么严重的后果，但对于那些有能力且贡献突出的员工们来说，就显得不公平了。而且，因为他的不称职，来自工作和外部环境的压力也会让他感到闷闷不乐。每天8小时的工作就在这种压抑的氛围中煎熬，即便下班离开公司，他心中的苦闷也不会立刻消失得一干二净。

而且，忙碌的工作也会让他倍感压力。虽然由于高薪和地位的关系，人人都向往高级职务，但从另一个角度来看，如果他们的工作能力开始下降，他们的生活也将随之陷入困境，甚至出现混乱，而我们也会渐渐对他们丧失信心。

避免犯下善意的错误

朋友请求你做一件事，你知道自己可能会做不好，但你不仅没有说出自己的顾虑，反而出于好心硬着头皮答应了下来，结果却没能把事情做好。朋友怨你，而你也心情不好。如果你一开始就说出自己的顾虑，或者委婉地拒绝，会不会就是另一种结果？

还有一种情况也需要引起我们的注意。在公司里，有些人能力超群却从事着低级职务，工作对他们来说太过轻松，就像一艘轮船行驶在风平浪静的水面上，让人感觉很没意思。在他们看来，这工作虽然不错，既舒适又轻松，但却不能给他们丝毫激情。这些人也会对公司造成负面影响，因为他们对每天从事的工作缺乏兴趣，所以，他们迟早也会离开。

刚才说的都是比较典型的情况。除此之外还有一种情况，就是有的员工不能跟周围的同事和谐相处。虽然他们也能够尽心尽力地完成各项工作，但就是不能跟同事建立良好的关系，这样的员工也不少。他们会对周围的人造成干扰，使他们失去对工作的信心，感觉自己就像被钉在墙上的字画，被人看得一清二楚，从而产生自卑心理。如果出现了这种情况，一定要在重要员工提出辞职之前，先开除这些讨人嫌的人！

 **小/故/事**

学会说"不"

有这样一个小伙子，他非常热心，总喜欢帮助周围的人，所以人们都很喜欢他。父母每个月都会给他一笔生活费，数目不小，可他似乎每月都不够用，他每天都过着拮据的生活，但他很高兴，因为他用省下来的钱帮助更需要的人了。大学毕业后，他找了份很好的工作，工作任务不是很重，收入也还可以，他非常喜欢。不久，有个同事身体不舒服，他就主动分担了同事一些工作，同事非常感激。之前，他每天都很清闲，下了班还有时间去陪朋友吃吃饭、喝喝酒，但从那之后，他就变得非常忙碌了。

同事们看他这样热心助人，当身体不舒服或者临时有事时，手头的工作无法完成，总喜欢找他帮忙，他每次也都爽快地答应下来。事情多了，他的闲暇时间就越来越少，最后，连他自己的工作都给耽误了。终于有一天，老板来检查工作，所有人的工作都按时完成了，唯独他的工作还没有做完！老板非常生气，就要开除他，于是，他百般解释，希望自己热心助人的优点可以被老板注意到，但他失望了，老板根本就不听他解释，因为人家只关注一点，就是他没有按时完成工作。所以，有时候拒绝也是一种智慧。

现在，让我们再回到刚才的主题上来。依我看，你要开除的那个总务部长，不论是降职还是提拔，都不合适。虽然他工作能力突出，但是他的个性和态度容易招致他人反感。不仅如此，他还常常对外公布我们的工作内容，这对我们的自尊心是一种打击，是让我们难以容忍的。或许，这也是他缺乏责任心的表现。在这个问题上，公司也感到很头疼，但又一时解决不了，所以只好一拖再拖，现在，你可以找个恰当的理由把他开除出去。虽然开除员工不是什么好事，但如果这事的确应该做，却因为抹不开面子而没有及时去做，得过且过地一拖再拖，时间拖得越久，就越难以执行。

📢 远离负面情绪 ┄┄┄┄┄

　　俗话说："近朱者赤，近墨者黑。"环境会对一个人的心理产生重要影响。我们身边总有一些人，他们看什么都很悲观，总是在制造负面情绪，这些人，我们最好还是远离，免得被他传染！

　　作为一名领导，开除员工也是正常职务范围内的事。说实话，我以前也开除过不少人，以后我也许还会这样。当你想开除一名员工，却在跟他谈过话后开始犹豫起来，这是一种很正常的现象。也许你会重新审视自己，这样做是不是错了？但是，一段时间之后，你就会冷静下来，你会发现，自己做的是对的，你甚至还会后悔当时没能及早这么去做。

　　开除员工的确是一件让人感到头疼的事。当你打算开除一名员工时，一定要先好好想想：这个员工有潜力，但在我们公司却无法发挥出来，是不是因为给他安排的职务不合理，让他对工作产生了厌烦？如果是这样的话，那责任就在我们，而不在他。是不是因为他的个性问题，让他很难适应我们的公司，但换一家单位，可能就会变成一种优点。也许换一家单位，他就能轻松地胜任工作，也能开心地工作。记住，不管在任何情况下，开除员工后都不要让他感到沮丧和强烈的挫折感，不要让他觉得被开除是一件痛苦的事，从而顺利帮他实现工作转换，这一点非常关键。因为，开除员工只是我们的工作需要，没必要因此为自己树立一个敌人，况且你们还曾经在一起工作，无论如何，你都应该这么做。

📢 照顾他人自尊心 ┄┄┄┄┄

　　即便是拒绝，也要照顾他人自尊心，这是做人最起码的要求。比如有个你不太喜欢的同学邀你去玩，人家本来是出于好心，但如果你直接对他说："我不想和你玩！"站在对方的角度想想，你会是什么感受？但如果你委婉地说："不好意思，我今天有点事。"结果会怎样呢？

当然了，员工被开除时，他一定会问："为什么要开除我啊？"在遇到这种问题时，一定要注意，既不能夸大其词，也不能为了掩饰而说谎，要知道，说谎只会给员工留下卑鄙的印象。你应该把自己为什么要开除他，开除他是出于对他自身和其他员工的考虑。你不妨用一句简单的话告诉他，比如："很抱歉，这和你的性格有关。"或者针对那些能力超强或能力不足的人说："很抱歉，你的能力跟我们的需要不相符。"或者说："很遗憾让你离开，也许其他公司能给你提供更适合的岗位。"开除员工也是很讲究技巧的，遇到刚才这样的问题，你就应该快速转移话题，多谈论一些关于工作变动的事，为他们重新找工作提供一些建议和帮助，这样更容易得到他们的谅解。如果需要的话，你甚至可以给他们写一份推荐信，虽然很少有人会这么做。其实，对于被开除的人来说，他们最关心的就是自己能否快速找到工作，而我们给他写的推荐信，会在他找工作过程中起到很大帮助。现在许多公司在聘请员工之前，都会先了解一下他在原来单位的工作情况。总之，在开除员工的过程中，你必须在他离职之前，就打消他的顾虑，让他意识到，他一定可以找到工作。

我们刚才所说的方法，只是在心理上消除员工在重新找工作时的疑虑，但在找到新的工作之前，他们还会担心自己的生活保障问题，所以，你一定要妥善处理这个问题。你可以根据公司规定，在他还没有找到新的工作之前，考虑他为公司服务时间的长短，每月给他发放一部分工资。在我看来，公司就应该为员工提供这样的保障，特别是那些为公司服务了很多年的员工。

在开除员工的过程中，还有一个遣散费问题也不容忽视。如果一个被开除的员工，对我们给予他的遣散费感到不满，就很可能会给我们带来一些麻烦。所以，即便知道不值得，我们还是要多发给他一两个月的工资。这样做的目的是为了避免不必要的官司，以及他因为不满而对公司采取的报复行为。被开除的员工，对公司感到失望和不满，甚至对自己丧失信心，这都是可以理解的。作为一名领导，你有义务把这些消极情绪控制到最低。即便遇到再大的困难，你都要始终充满自信，并勇敢地去面对，只要你这样做了，一切问题都会迎刃而解。

别给自己树立敌人

人是一种有思想的动物，如果一个同学想和你交朋友，而你却不想，且又直截了当地拒绝，那他一定会恨你，甚至在背后给你搞小动作。所以你如果真的不愿意，那把握一个度，不深交，像普通朋友一样来往，没必要给自己树立一个敌人。

在对人才的选择上必须谨慎。特别是为公司聘用新员工时，更要精挑细选。虽然这样也不会完全避免有员工被开除，但至少可以降低这种事情发生的几率。一家公司就是一个小型的社会，每天都会有进有出，这很正常。所以，开除员工的事，以后你还会不断地遇到。

在对公司的管理过程中，快乐不少，但困难也经常遇到，它们都和我们的事业密不可分。所以，当困难来临时，千万不要退缩，要勇敢地去面对，并始终用积极的心态去面对，这样才能更好地完成公司赋予你的使命。

爱你的父亲

暑假了，好不容易有个大块的时间，但今天这个朋友约你去打球，明天那个朋友约你去游泳，眼看暑假过去一半了，你才想起来，自己的事还没开始做呢！是不是很后悔？你知道自己失败在哪里吗？因为你总是碍于情面，不好意思拒绝他人的邀请。你应该也意识到了，因为不会说"不"，你正在渐渐失去自我。所以，学会拒绝也是一门必修课。

诚实的人一定会有回报，也许短期内看不出效果，但时间长了你就会感觉出，并惊讶于它的价值。一个诚实的人，其生活态度也具有高度的道德感，所以在日常生活中，他们做事认真负责，为人正直坦率。对企业的生存与发展来说，这种品质会为企业注入永久的生命力。跟人签订合同后而不履行的欺诈行为，虽然可以暂时让他获得一大笔金钱，但从长远来看，这是企业失败的根源。要想获得真正的胜利，就不能这样做。

——摩根

第四章

掌握为人处世之道，
让我们的人生之路更平坦

20 合理安排我们的工作和生活：
给生活找个"平衡点"

○ **小约翰的心声**：亲爱的爸爸，作为一名领导者，我在公司中担任着重要职位，这也就意味着我要承担一份重要责任。我不想让大家觉得我是一个不称职的领导，所以我一直在努力，除了和家人在一起的时间，以及偶尔跟朋友们的相聚，我把大部分时间都用在了公司和客户身上，希望经过一段时间的努力，可以让您看出我的成绩。亲爱的爸爸，您等着看吧！

亲爱的小约翰：

　　最近我发现，你似乎把大把的时间都花在了公司和客户身上。对你这种投身公司事业的敬业精神，我感到非常欣慰。可是，我更想告诉你的是，在你感到厌烦和百无聊赖的时候，不妨偶尔偷偷懒，也许对你的工作会更有帮助。

　　当然，作为一家公司的领导者，为了维护好公司的良好运营，你必须每天到岗，但这并不意味着每件事你都要亲力亲为。你的时间和精力是有限的，所以让员工充分发挥自己的才能更为重要。

◄)) **合理的安排时间有助于效率提高**

　　不要认为你一直坐在书桌边学习就是在利用时间，如果大脑始终处于高速运转状态，效率从何而来？所以，适当地安排学习、生活和娱乐，做到劳逸结合，才是对时间的最好利用！而且在这个过程中，你还会惊异地发现，学习原来是这么轻松！

小/故/事

找到生活的"平衡点"

据说，上帝是一位非常公正的裁判，每个人死后去他那里报到时，他都会对他们在世间的功过进行评分。有一次，有三个商人死后来到上帝面前报到。上帝叫他们说说自己在世间都做过什么。第一个商人说："我从父亲手里接管了一项生意，但很不幸，生意在我的手里越做越差，最后几乎要倒闭，但值得庆幸的是，我和我的家人对此并不太在意，我们仍然每天生活在快乐中。"上帝在他的功过簿上打了50分。

第二个商人说："自从开始投身商界以来，我一直发誓要做到最优秀。为了生意，我很少和家人在一起，我把大部分时间都贡献给了事业，许多时候，我都是吃住在公司，我的付出也终于取得了回报，您看，我早就成了亿万富翁！"上帝什么也没说，在他的功过簿上也打了50分。

第三个商人说："我开始做生意之后，虽然在事业上投入了很多精力，但我从来没有忽略家人和朋友，工作之余，我经常陪家人一起吃饭，一起出去旅行，有时候还会在家里开个派对。我经常和朋友们聊天，我们还一起去钓鱼，一起去打高尔夫球，有好几笔生意就是在打高尔夫球的过程中谈成的。这辈子，我觉得我的生活很丰富，很有意义！"上帝听完，在他的功过簿上打了100分。

作为一名企业家，必须具备卓越的才能和广阔的视野。然而，具有这种天赋并且获得这种机遇的人却少之又少。一直以来，我总是强迫你做一些你不喜欢做的事情，对此你一定也注意到了。其实，我这样做的目的，就是想以此开阔你的视野和思维，培养一个完美的你，使你能够更好地接替和胜任董事长一职。如今，这一切都已经成为现实，而且你也有了新的使命，虽然我已经不能命令你了，但我还是希望你能够坚持不懈，充分利用每一次机会锻炼自己，以便更好地适应公司发展。如果你放松了对自己的要求，那公司将很难保持现有的繁荣和强劲的竞争力。

说到这些，我们还是来回溯一下你晋升之前我们曾经讨论过的那些问题吧，我想，这会对你有所启发。

在你进入大学之前，你本来只想选修一些与企业管理有关的课程，当然了，这其中也包括练习酒量的课程。可是时间不长，你就发觉还需要进一步提高自身修养，于是在学习企业管理和财务的同时，你又学习了经济学、政治学、产业关系、英语、历史，甚至天文学，所以当你毕业的时候，你不仅学会了整理和分析财务报表，还积累了广博的知识。

在校期间，为了应付考试，你不得不整天埋头苦读，阅读大量书籍。但让你没想到的是，毕业之后，我却在你的书架上又添置了好几本书！请别误解我，我只是希望你能坚持自学而已。亨利·大卫·索洛曾经这样说过："很多人只读了一本书便扬扬自得起来，自以为开启了生命的新篇章。"事实的确如此，如果你认为读一本书就可以开启自己生命的新篇章，那你这辈子就彻底完了。每一本书都在反映现今复杂生活的真相，但却很少有人愿意一探究竟。不知道你是否还记得，在你看完克劳德·霍布金斯的著作《生活在广告业》一书后，你剖析了企业家精神的各个层面，并深受感动，然后我们一起外出旅行。从12岁起，你就开始出国旅行。看着你兴奋的表情，我很高兴。置身于异域风情中，我一边聆听你对外国风俗习惯的感想，一边回答你提出的问题。20年之后，你开始对国外工商业的发展产生了浓厚兴趣，并一直密切关注和细致分析着其发展情况。为了提高公司工作效率，你时时刻刻都在学习新事物、新方法。对你而言，外国早已不是一个神秘的世界。在某些领域，的确有人强于我们，但当你明白了其中的道理，你一定会力争做到跟他们一样优秀。这一点，让我非常欣慰。

🔊 关注课外知识

在学习课本知识之余，我们也要腾出一定的时间和精力阅读课外书籍。也许眼下这些对你提高成绩一点效果都没有，但随着你知识储备的丰富，你的视野会不知不觉得到开阔，你的思维也会因此而变得更加活跃。说不定哪天你就会发现，你已经超越了身边每一个人！

事实的确如此，旅行有助于增长见识，让人的见解更加深刻，而这正是管理的基础。道理很简单，如果没有了客户和员工，那还要我们干什么？在旅行的过程中，你的管理理念会得到拓展，而我们公司正是以投资管理为主要业务，正是在与世界各地人的交往中，你树立了自己的理想，要将我们的事业推向世界各地。

我们在独木舟上召开过很多重要会议。出乎我意料之外的是，你天生对大自然充满喜爱，所以我们可以一起共享大自然的乐趣。我特别感谢宁静的森林，因为它总能平抚我杂乱的心情。

不知道从什么时候开始，我经常在旅行的过程中给你讲一些解决问题的方法。遇到难以决断的事，或者挫折，我也总是把有关的情况罗列出来，让你去想办法，我则上床呼呼大睡。在划船、钓鱼或者打猎的过程中，烦乱的思绪在不知不觉中变得有条理了，那种感觉真是妙极了！当钓完鱼或是打完猎的时候，所有的难题都迎刃而解，行动方向也得以确立。这些策略大多数是依据直觉而产生的，在这方面，没有任何事物可以超越宁静的大自然，从这个意义上来说，大自然是人世间最杰出的企业顾问！

🔊 旅行是一种很好的休闲

在你感到心烦意乱的时候不妨出去走走，回归大自然的怀抱。短暂的休息之后，你会发现，紧张的情绪已经在宁静的环境中不知不觉得到缓解。此时，你再带着调整好的情绪出发，继续之前的工作和学习，你会发现，原来一切并没有那么糟！

关于交友方面，在结识新朋友的同时，你还与高中和大学时期的朋友们保持着联系，这一点很好。友谊无价，能够结识一群可以与你同甘共苦、互助互励、相互理解的朋友是多么让人欣喜的事啊！

在家庭生活中，你总能感到开心，你也希望可以一直保持这种快乐，所以，你总能合理安排工作和家庭生活的时间，在这一点上你做得很好。对于刚刚步入社会的年轻人来说，对于自己所爱和深爱自己的人，一定要有一颗宽容的人，这样，妻子也会努力配合丈夫。许多做父亲的，把大部分时间都用在了事业上，他们甚至连陪孩子的时间都没有，这是一件很悲哀的事！

我觉得，在这个世界上，最重要的事就是带孩子一起去钓鱼，并且，从孩子很小的时候就应该这么做！当然了，这么做的目的不是为了钓到多少鱼，而是为了享受跟孩子在一起的时光。在与孩子相处的点点滴滴中，父子间的感情会在不知不觉间加深，而当你遭受苦难时，这种友谊可能会成为你唯一的信念。

🔊 别忽略了家庭和友谊

朋友和家庭是一个人一生中不可缺失的重要财富。患难与共的朋友，和谐美满的家庭会让你浑身充满力量，也是你事业成功的精神支柱。不要因为一时的得意或失意而忽略了朋友和家人。无论多忙，都要记得多和朋友保持联络，多花点时间陪伴家人。

年轻人就应该找点刺激。当你一个人划着小船穿越激流，或是16岁就开始驾驶汽车的时候，我就一直这么安慰自己。但你的冒险行为，甚至我自己的冒险行为，却让你妈妈一次次吓得差点晕倒！

在工作之余，培养一些自己的兴趣爱好也很重要。如果你总是工作，大脑得不到休息和放松，你的工作效率也会受到影响。如果你一天到晚只想着工作，那你早晚会生出病来！所以，我们一定要保持生活的平衡，也就是说，在节假日做些自己喜欢的事情，比如在体育运动方面，你最擅长的网球运动，就既能放松神经，又能强身健体。当然了，也可以和家人一起欢度时光。如果你能这样做，别人要想战胜你可就不是一件容易的事了。因为你对工作的态度是健全而合理的，最关键的是，琐碎的生活杂事不会占用你的大脑。

🔊 关注自己的兴趣爱好

每个人都有自己的兴趣爱好，但如果能将兴趣爱好与事业联系起来，将会取得事半功倍的效果。即便两者不能联系起来，在工作和学习劳累的时候，适当从事自己的兴趣爱好，也是一种很好的休息方式。

有的人位高权重，但他们却总感到"高处不胜寒"。其实并不尽然，关键是你在对待员工和客户时抱有什么样的心情，以及在你走向成功的过程中，是不是忽略了你的朋友。那些大人物的心理让人很难理解，在权力面前，他们渐渐失去了自我，变得目中无人，当然也就感觉不到孤独了。也许在他们看来，他们是在为家人和大众谋求幸福，但我觉得，他们是在为自己活着。我从来不觉得他们的行为有什么感人之处，也希望你不要被他们所迷惑。在我看来，真正的成功者应该在遇到问题时能够保持理智，广结朋友，身心健康，诚实守信，平和中庸，这才是真正的大人物，才真的值得我们尊敬！

为了确保你有稳定的收入，也为了防止我突然离世，在我心里，以及每年修订的遗嘱中，早就确定了公司的继承者。而你，在坚持不懈的努力后，凭借自己的能力和知识储备，为自己赢得了这个备受瞩目的职位，你应该享有这一殊荣！

在此，我引用威廉·华兹华斯的一句诗来评价你——"明朗地回顾昨日，并能够把握明天的人。"亲爱的儿子，加油吧，我对你充满信心！

爱你的父亲

智慧启迪

平衡是一种美，这是大自然的法则。所以，紧张的学习工作之后，不妨给自己放个假，舒缓一下紧绷的神经，平复一下杂乱的心情，换个心情再重新出发。不要因为工作和学习繁忙就忽略了朋友和家人。经常和朋友们聚聚，聊聊最近的情况，说说各自的烦恼，谈谈你们的理想。经常和朋友、家人搞个派对，劳逸结合，一定会让你心情变得欢畅起来，浑身充满活力，更有效地投入到学习和工作中。

21　让友谊之花开遍我们的人生之旅：
　　广交朋友，珍惜知己

> ○　小约翰的心声：亲爱的爸爸，虽然我的朋友不少，但我还真搞不清哪些人最值得我信赖，哪些人应该保持距离，所以在取得一点点成绩或心情烦恼时，不知道该向谁炫耀，向谁倾诉。亲爱的爸爸，关于交友方面，您能不能给我点建议？

亲爱的小约翰：

　　关于交朋友，我想跟你好好说说，因为朋友的好坏，往往会对一个人产生很大影响，甚至会关系到你事业的成败。从偶然的相遇到成为正式朋友，友谊最开始的产生是，一个人被另外一个人所吸引。

　　友谊的产生从相互认识与了解开始。人与人之间的关系，从亲密程度来看，首先是夫妻关系，其次是子女关系。能否与子女和谐相处，这一点非常重要，我希望你以后能和子女处理好关系。最后是你与父母之间的关系。在此我说希望你如何如何，是想提醒你，世界上许多悲剧的产生，就是从丧失因血缘关系或婚姻关系而产生的友谊开始的，这种最亲密又最宝贵的友谊必须经常浇灌，对其他人的友谊也是如此。

◀))) 家庭友谊最重要

　　你觉得你现在和同学朝夕相处，但毕业后不也是各奔东西？能保持经常联系的，顶多也就是那么几个而已！所以，家庭友谊才是最重要、最长久的友谊。从出生到死亡，它一直与我们相伴，所以，家庭友谊在所有友谊中最特殊，最重要。

从某种程度上来说，友谊和一个人的事业发展有很大影响。在生意场上，你还会遇到形形色色的人，也就是说，你会在你那个圈子里，接触到一些具有代表性的人，企业员工、客户、供货商、政府官员等，此外还有一些工作范围以外的人，邻居、商店服务员、俱乐部成员、汽车修理工和维护人员、钓鱼伙伴等，你需要交往的人数不胜数，虽然他们不一定会成为你最亲密的朋友，但从某种程度上来说，你们仍然算是朋友。

有人说："一天交不到新朋友，这一天就等于白活了。"这话很有道理。交朋友的方式很多，和某人第一次见面，经过打招呼和聊天之后，你对他产生了兴趣，于是邀请他："咱们哪天吃个饭吧！"于是，你们就开始了交往。但如果你不是真的想和他交朋友，那你最好别随便这么说。因为只说不做，只会给人留下肤浅的感觉。

交朋友是件好事，关于交朋友，历代圣人都有独到的见解。比如中国古代的大圣人孔子就曾经说过："不要跟不如自己的人交朋友。"意思是说，我们结交的朋友，应该在道德水准上和我们相近，甚至超越我们，这样才能不断提升自我。因为好朋友的言行举止，会在不知不觉中对我们产生熏陶，从而引导我们沿着正确的方向，更好、更快地发展。

 小/故/事

珍惜友谊

有一次，两个好朋友相约去沙漠中旅行。那天早上起床后，他们在聊天时，因为一个观点不一致，竟然吵了起来，激动之余，其中一个抬手就给了另外一个一巴掌。那个被打的人感觉受到了极大侮辱，但他什么也没说，他从帐篷里走了出去，在外面的沙地上写下几个大大的字："今天，我的好朋友打了我一巴掌！"然后他深吸一口气，回到帐篷，收拾东西，继续和朋友前行。终于到了一块绿洲，那里有个小湖泊，他们决定暂时停下来，清洗一下身上的灰尘，就在他弯腰去捧水时，不料脚下一滑，跌进了湖泊。他是个不会游泳的人，这下可把他吓坏了，赶紧大喊"救命"，朋友听到后，赶紧跑过来，从水里把他救起。待他缓

过神来，回到帐篷，从包里拿出一把刀，在一块石头上刻下几个字："今天，我的好朋友救了我一命！"他的行为很快就被朋友注意到了，朋友好奇地问："为什么上次我打你后，你要把字写在沙地上，而我救你后，你却要把字刻在石头上？"

听到朋友的问话，这人笑了，他说："你是我的好朋友啊！虽然你伤害过我，但我要快点忘了它，所以把字写在沙地上，风会帮我抹去它。但是你帮助了我，我要把它永远记在心里，所以把字刻在石头上，这样任凭风吹雨淋，它都会在！"那人听后，突然紧紧地抱住了他。

你一直尊敬和仰慕的人，主动向你伸出友谊之手，一定会让你信心倍增。此时，他也会尊敬你、喜欢你，并把你作为知心好友，和你说心里话。如果能有三五个好友经常在一起欢聚一堂，这该是多么让人高兴的事！

一般情况下，我们的智慧被开发出来的只有一小部分，其余大部分还处于休眠状态。而与有才能的好友交谈，可以激发我们的智慧，让我们智慧的堡垒得到更好的开发，从而铸造更加辉煌灿烂的人生！

人生在世，总会有成功与挫折相伴，但只有最亲密的朋友才能和我们一起分享成功、分担痛苦。记住威廉·欧斯拉特的这句话："在追求幸福的过程中，请别忘了友谊的花环！"

◀))) 和有才能的人交朋友

孔子说，"独学而无友，则孤陋而寡闻。"可见，外界环境对一个人的发展有着重要影响。如果你身边的朋友都很有才能，那你的人格和学识等方面也一定会不断完善。所以，交朋友时也要有选择地交。

根据我历年来的经验和观察，许多朋友都可以共患难，却不能共享成功。所以，真正知心的朋友，必须在你成功时由衷地为你感到高兴，并经常鼓励你："太棒了，再来一次！""既然你决心要做了，就一定会成功！"等等。一方成功，而另一方失败，往往最能考验两个人的友谊。即便是非常亲密的朋友，哪怕是一对夫妻，也会经常因为自己的失败，而另一个人的成功而土崩瓦解，更别说跟其他人的友谊了。

一般来说，那些性格完美、品德优良、幽默、勇敢、自信的人，往往会成为大家竞相结交的对象，但真正能和他们成为知己的人却很少。知己朋友很难交到，如果你能在自己的一生中交到四五个知己，那你就已经很幸运了，即便再少一两个，你仍然算是很幸运的。

如何确保友谊之树常青？还真没有一个确切答案。但根据我的观察，大部分能成为知己的朋友，他们都有着相似的爱好，在个人品德方面也具有共通性：诚实守信、忠诚等等。在我看来，要想让友谊稳固，双方必须有宽广的胸怀，能彼此依赖、分享、施与、接受，能分享和分担另一方的喜怒哀乐。真正的朋友必须互帮互助，当朋友深陷烦恼时，要表达同情；当朋友做错事时，要大胆规劝；当朋友获得成功或荣誉时，要由衷地赞美和鼓励。如果能做到这些，即便两人在某一方面的爱好截然相反，他们的友谊也不会受到影响。总之，对于知己，一定要好好珍惜。

友谊就像鲜花，也需要经常浇灌。为了让友谊之树常青，你必须经常抽出时间，用你温暖的双手去体贴和关心你的朋友。哪怕是一个电话，几分钟的交谈，也能表达你对朋友的真心关爱。所以，为了不让友谊之树枯萎，你必须记得经常浇水。总之，你要像经常保养牧场周围的栅栏一下，经常保养你们的友谊，否则，再珍贵的友谊也会因为你的疏忽而枯萎。

🔊 友谊之花也要培养和浇灌

也许你有时候会听到爸爸妈妈突然说起他们某个同学："唉，好多年不见了，也不知道他现在在哪儿！"花儿缺水了还会枯萎，更何况友谊呢？要想让友谊之树常青，就要经常培养和浇灌。除了经常联系外，真诚、信任、理解和包容等，都是富含营养的。

在这个复杂多变的世界上，没有人可以独自存活下去。在我们的周围，到处都是头脑机智、聪明、能给我们带来快乐的人，我们要不断地去结交新朋友，让我们的人生变得更充实！

朋友不一定要有相同的观点，他们也可能会出现意见分歧。在我和朋友聊天，讨论一些人生问题时，我们就经常会有观点不一致的时候，但这并没有影响我们的交往，因为观点是否一致，并不是决定我们要不要交往的主要因素，而在于你能否尊重对方的看法。另外，你还可以在结交新交朋友时和他交流心得，让你思维的火花被激发出来，在这个过程中，你人生的价值观也会得以提升，你的人生也会变得更加丰富多彩！

每个人在他的一生中，都会遇到几个让他刻骨铭心的知己。当你取得成就时，你可以去找他们炫耀；当你心烦意乱时，也可以去向他们倾诉；当你有需要时，他们会第一时间来到你身边。虽然你已经有了家里和工作上的朋友，也有了自己的业余爱好，但这份友谊你一定要珍惜。

虽然我是你的父亲，但我还是希望你能在工作和学习中，把我当做一个同事、一个知己。得意时，向我炫耀你的成就；失意时，向我倾诉你的烦恼。

爱你的父亲

俗话说："朋友多了路好走。"从某种程度上说，友谊是一笔宝贵的财富。友谊可以让我们的生活变得丰富多彩：当我们深陷困境、情绪低落时，友谊可以成为我们生活下去的精神支柱；当我们取得一点点成就时，朋友也会由衷地为我们鼓掌喝彩。所以，我们的人生没有金钱不可怕，没有友谊才悲哀！一个人如果没有几个真心朋友，即便他拥有再多的金钱，顶多也就是像葛朗台那样的守财奴，这样的人生是让人同情的。

22 别把婚姻当儿戏：结婚是一生中最大的投资

○ 小约翰的心声：亲爱的爸爸，我本来还想再好好享受几年单身的日子，但看着身边朋友们一个个结婚，过起了甜蜜的小日子，突然觉得，自己也不小了！于是，奔着结婚的目的，我试着去谈了几个女朋友，每一次刚刚接触时，我都觉得她们人不错，但接触几次之后，却发现她们根本就不适合我！到目前为止，我已经换了好几个女友了！亲爱的爸爸，您说，我是不是哪里做错了？

亲爱的小约翰：

我很关心你的婚姻大事，所以，不管你愿不愿意听，我还是要唠叨几句。作为父母，我们都希望你的婚姻能够幸福，可每次你的朋友在向我说起你要结婚的打算时，我总是忍不住笑起来。因为你的约会对象一直在变，有时候连我都忍不住会想："到底是谁家的女孩，最后能有幸成为你的新娘？"之前我还计划要为那些可爱的女孩做记录，现在我不得不放弃了。

如果某一天你对我说："我好像也该结婚了！"我没办法对你微笑，更不能对你的话置若罔闻。具体怎么结婚、什么时候结婚，似乎并不在你的计划之内，好像想起来就要结婚似的。当你说出这种话时，我都忍不住要为你担心，你怎么突然想起结婚来了？是不是你周围的朋友们都结婚了，你的心也开始痒痒了？还是因为现在流行结婚，你也要赶时髦了？

马丁·路沙曾经说过："一桩幸福的婚姻，充满美好与魅力，也是一份弥足珍贵的友谊。"对此，我也深有同感。年轻人都有追求爱情的权利，但结婚必须慎重考虑。某种意义上来说，结婚也需要缘分，不是说有就有的，必须在有这种念头时才会产生。或许你觉我这么说太不解风情了，但作为一个过来人，我还是要对你说：婚姻不是儿戏，决不能草率，否则一系列惩罚将会在前面等待你：离婚、精神折磨、财产的锐减，等等。

◀))) 婚姻不是儿戏

你小时候一定玩过很多次过家家游戏吧？这次游戏中新娘是这个女孩，下次游戏中的新娘是那个女孩，可真正的婚姻就不能这么随便了！因为你们真的要去过一辈子，你也一定想让自己这一生过得幸福吧？那就在结婚之前好好选择，结婚之后好好经营！

也许你还体会不到父亲对孩子的情感，但我还是要告诉你：夫妻之间的感情可能会冷却，但父亲对孩子的感情却从来不会冷却！一旦你们的婚姻破裂，势必会对孩子造成巨大痛苦。

我们从事的是家族企业，所以我不妨从生意角度来给你打个比方。婚姻是人一生中最大的投资。原因有两个：第一，一桩幸福的婚姻，可以始终让人充满活力；第二，不幸的婚姻会给人带来巨大损失，为了解除一段不幸的婚姻，经常需要支付一半的财富，甚至是年复一年的赡养费。此外，精神上的伤害也不容忽视。

现在的年轻人对待结婚的态度，实在太过草率。经常听到有人说："既然合不来，那就离婚呗！"本来一桩很美好的事，却以这样草率的决定结束，实在让人痛心！再看看离婚之后吧，哪个不是经历了无数的痛苦与烦恼？

但有些人则对婚姻采取了审慎的态度，所以拥有了幸福美满的婚姻。他们的成功之处在于：互敬互谅，都对美满婚姻充满了坚定的信心。你的脾气很好，品性也不错，老天赐给你的这些优势，如果你能善于运用，我相信，你在你的婚姻事业上一定能做出明智的投资。

🔊 结婚是一生中最大的投资

在伴侣的选择上，如果错了，你将会损失很多，除了感情受伤、金钱损失外，还可能会对孩子的一生造成负面影响。但如果对了，你就可以专心致志地工作，没有任何后顾之忧，而且，他/她还会给你提供力所能及的帮助，你会因此而收获一生的幸福。

关于这个投资对象应该具备哪些条件，也许你会征求我的意见，也许不会，但关键是你自己要能做出审慎的选择。如果你还没有选好的话，那我告诉你：她必须温柔善良、讨人喜欢。你一定要对她进行仔细观察，人品是否卑劣，是否喜欢嫉妒，这些性格会在你们日后的生活中制造很多麻烦。喜欢婆婆妈妈、在背后搬弄是非的女人要远离。贪婪、嗜好金钱的女人，要像躲避瘟疫一样对她们敬而远之。

在你选定了结婚对象后，就要和她共度一生了，所以，我希望你选定一位绝代佳人。虽然说美丽的外表并不代表一切，但如果她是一位内在美和外在美的结合，不是更加赏心悦目吗？

如果你所交往的女孩聪明善良，又知书达理，气质不俗，能和你共患难，并能以朋友的身份给你提出有价值的忠告和意见，那么，赶紧把她娶回家吧！

一旦你对婚姻投资成功，你将会迅速到达事业的顶峰，这种威力是其他任何事情都无法比拟的。为了要和你的好妻子步调一致，你一定会做出不懈努力，而这对于自我价值的提升是非常有帮助的。

除此之外你还要考虑：女孩是否做事勤快？是否干净讲卫生（关于这一点，你可以观察她的梳妆台是否总能保持干净整洁）？她是否有幽默感（如果有的话最好）？如果你已经找到了一位气质脱俗、聪明伶俐又迷人的伴侣，那你就不要关注她一些微不足道的小缺点了，因为，天下没有十全十美的人，所以你也不要总想着占尽天下便宜。只有这些条件都具备了，那你们的婚姻就比较牢固了。但你们将来还可能会遇到一些问题，到时候你们一定要坚持互敬互爱的原则，共同面对。如果你们已经坠入爱河，并最终进入婚姻的殿堂，那你们就好好珍惜吧！

📢 好伴侣让人幸福一生

　　心理研究发现，人在快乐的时候，学习和工作效率才是最高的；而好的婚姻会让人时刻有一种幸福感，无形中就给人体内注入一种活力。所以，选择好伴侣，会让你幸福一生！

　　还有一个问题，当你看到朋友的妻子时，是否有过这样的念头："如果她是我的妻子就好了！"如果有，那你以后还是少和她见面，以免将来给朋友造成误会。理想的伴侣应该自己去寻找，但为了弄清你们是否适合在一起，最好先进行一番调查和分析，即便马上就要结婚了，你也要再问自己一遍："她是我最好的投资对象吗？"记住人们常说的这句话："婚前睁大眼睛，婚后则要睁一只眼闭一只眼。"

　　如果在你调查过程中发现了一个好女孩，一定要记住，胆小懦弱绝不能俘获美人的心！我告诉你一些小技巧，要想让美人点头，打动她的心，少不得要用一点心计。你可能会因为她突然说不出话来，喝汤却把汤倒在了桌子上，走路却撞到了电线杆，或者不思饮食。当你的心控制不住地砰砰乱跳时，就是命运之神开始捉弄你了。但是，在还没有搞清对方什么态度之前，你最好能放松自己，泰然处之。因为，深沉的男人往往更有吸引力。当一位女孩一出现就让你产生好感时，如果你希望可以一直跟她约会，那就记住我刚才对你说的话。

📢 提升自己的魅力

　　无论是结交同性朋友还是异性朋友，有魅力的人总是更占优势。这里所说的魅力，不仅仅是漂亮的外表，对于男孩来说，勇敢、沉稳的做事风格对女孩更有吸引力；对于女孩来说，知书达理、心思缜密等对男孩更有吸引力。

　　当你做出了结婚的计划之后，建议你做一个"资产负债表"，合理安排家庭和工作时间的比例，并且不能偏向任何一方。特别要提醒你的是，虽然工作可以给我们带来金钱，但蜜月刚刚结束，不要立刻加大工作的比重。刚才我在信中说的话，要是你能做到大部分的话，相信你的生活一定会美满幸福！亲爱的儿子，我们庞大的家族企业和财产需要你来继承并发扬光大，所以，你的婚姻还要考虑家庭的责任。你的婚姻能否幸福不只关系到你的未来，更关系到我们家族的兴盛与衰亡，希望你能好好把握。

爱你的父亲

现在社会，离婚率越来越高，你身边是不是就有几个同学的爸爸妈妈离婚了？他们是不是因此变得自卑，不愿意跟你们这些幸福孩子交往了？这才只是离婚对孩子的影响，除此之外，还有许多其他的负面影响。所以，离婚绝不是儿戏，在早恋越来越普遍的今天，你可不要轻易把自己交付出去，睁大眼睛，好好选择吧！

23 合法经营就无需畏惧：巧妙运用法律维护自己的权益

> 小约翰的心声：亲爱的爸爸，前段时间，自从听说要对公司开展安全检查之后，出于担心，我们内部先进行了一番检查，结果证明是没问题的。但检查人员在检查时，却偏说我们的安全生产方面存在问题。为此，我争辩了，也耐心解释了，可我苦口婆心地说了那么多，并且摆出了很充足的理由，可他们还是坚持自己的看法。对于这种不公正的待遇，我从心里感到不服，可他们是政府公务员啊！亲爱的爸爸，我们现在该怎么办？

亲爱的小约翰：

我们是一个实行民主和法制的国家，在这里，经营企业必须遵守法律规定，这也是企业赖以生存和发展的基础。从最近公司开展安全检查这件事来看，你所表现出的担忧和你对这项工作的态度，充分显示了你的优点——守法意识。对此，我感到很欣慰。

我当然赞同你遵纪守法的态度，但是，随着年龄的增长，我也渐渐明白了，有的法律条文和解释并不是完全贯通的，所以你必须灵活运用，更好地给公司创造利润，这才是一个懂法守法的经营者应该做的。你和检查人员争辩，耐心地向他解释我们的立场，尽管你苦口婆心地说了很多，理由也很充分，却始终没能改变对方的观点。即使我同意你的说法，认为他们所看到的东西和做出的决定并不完全正确，那也不能改变你已经失败的现实。所以，为了维护公司利益，你必须灵活运用法律条文。

单凭你的解释就让检查人员确信无疑，这的确不是一件容易的事。下次再遇到这样的情况，你首先要做的就是，再深入实际去调查一下，看我们的判断是不是正确？如果到时候你还坚信原来的想法，那我们就有充足的理由进行反驳，你甚至可以向他们的监督机关进行投诉，以示我们的不满和抗议。

🔊 用法律维护自己权益

当自己的权益受到损害时，我们可以根据法律规定向上级申诉，让他们对结果进行重新裁决。所以，我们不仅要知法守法，更要懂得用法律维护自身的权益。

我知道，你对我们的做法很是担心，但我觉得这样做没错。我知道你是怎么想的，你担心这样做会让检查人员对我们产生反感，进而对我们变本加厉，是不是？但你要知道，不管是联邦政府，还是地方政府，对于那些公职人员，我们都要有一个正确的认知，那就是他们本质上都是正直的善良的，他们也绝不会无是生非，专门去找谁的麻烦。许多企业家都和你一样，即便有什么不满，也不敢把自己的意见向上级反映，对此，我感到很奇怪。总体来说，对于一个组织，级别越高的人，往往越有智慧越有见识。可许多商人却总是担心，这样做会让双方处于敌对状态，所以不管检查结果如何，他们都会不加思考地接受，以为这样就什么事都没了，然而事实却并非如此。下面，我来说说我的一些经历，或许会对你有所启发。

📢 屈从忍让会让你失去更多

如果你受到了不公正待遇，却出于这方面或那方面的顾虑而不敢提出来，更不敢向上级反映。这样做固然是没有人打击报复你了，但你的权益就不能得到保障。还有，这次欺负你不吭声，那下次他会不会变本加厉？如此看来，你的屈从忍让岂不会让你失去更多！

我最成功的一次经历就是，为了包装材料税和税务检查员进行的争论。按照他们出具的报告结果，我们需要缴清100000美元的欠税，还要每年再缴纳75000美元，这个裁决非常不公平。对此，我们从两方面进行了反击。我们先是按照相关法律规定提起申诉，同时，我还找到当地的国会议员，向他反映情况，告诉他，因为他们的错误决定，我们将会遭受巨大的损失！这样一来，这件事就被上升到了政治的高度。而这位议员，恰巧又是当时的执政党成员，在政府中位高权重，所以，我们首先就在政治上给他们施加了很大压力。接着，我们又聘请了国内最优秀的会计师事务所，为我们提供充足的证据以便应对政府的第二次调查，并准备了10000美元的诉讼费，准备提起诉讼。这是我从过去50年类似案件中得到的启示。

现在，轮到政府犯愁了，一边是议员和律师，一边是税务人员。最后只得经过再次检查，裁定我们缴纳1603美元的税金。这跟原先报告中要求的100000美元的欠税和每年再缴纳75000美元相比，实在算不了什么。

其实，政府并不像许多人想的那样蛮不讲理。虽然我们为了准备诉讼而花费了10000美元，但我们之所以赢得了最终的胜利，正是因为我们准备得足够充分。所以，为了最终的胜利，一定要充分调动一切可用的资源。

此外，还有很多输输赢赢的事情，所得税、贩卖税、食品、药物检查人员、动物检查人员，很多是你想都想不到的；但是，从我所经历的事情来看，只要你能耐心细致地分析情况，认为自己有理有据，那就尽管向上级机关提出申诉好了，你肯定能赢。

如果你与检查员的观点有异，只要你没有触犯法律，那你就可以跟他们理论，别管别人怎么说。在向上级部门提起申诉时，你最好能拿出有力的证据来。如果他们做的不对，那我们就可以控告他们不作为。因为，身为公务员，他们的工资就是从我们缴纳的税金中来的，他们有义务为我们服务。所以，你没必要担心谁会报复你。如果你怀疑某位检查员心怀叵测，那你就给他们的监督部门打电话，要求他们改派其他人过来，只要你的要求合理，他们一般都不会拒绝。就算你的要求遭到拒绝也没关系，因为每次检查政府都会派不同的人。

正义常在，只要你合法经营，就无需畏惧任何情况，一定能说服检查人员。现在，轮到你出手了！只要你觉得你能赢，那就一定能赢；但是，不去争取注定要失败。

📢 遵守法律就无需畏惧

> 要始终相信，法律就是保护我们的人身与财产安全的。所以，只要你遵守法律规定，没有做违法犯罪的事，就无需担心，无需畏惧。

利润和效率是企业经营的两个关键要素，是企业得以生存和发展的基础。所以，在企业管理中，除了采用先进的管理办法，营造良好的企业氛围，还需要与政府建立起良好的关系。要相信，政府的存在就是为了帮助我们，所以它理应为我们服务。我们选举政府官员，就是为了让他们替我们伸张正义。有错当然要改，但如果自己做得没错，就要坚持到底。

爱你的父亲

考试时，你只顾埋头答题，却不知道谁在你身边扔了一颗"炸弹"，恰巧被巡查的老师看到，他不容你争辩就说你作弊，并且还当着全班同学的面，让你受到委屈的同时，还让你颜面尽失，是不是很不服气？的确，这事搁谁身上都让人郁闷。但郁闷有什么用，我们得想办法证明自己的清白啊。首先，你可以考虑把这事告诉班主任，叫班主任去查明事实真相，还你一个清白。再不行，我们还可以向校长反映啊。总之，既然你没有做错事，就不要害怕。

24 凡事要未雨绸缪：
让银行成为我们坚强的后盾

> 小约翰的心声：亲爱的爸爸，前段时间您交给我一个任务——向银行申请贷款。在我看来，这应该是手到擒来的事，但我为了确保万无一失，还是做了一番精心准备。在申请书中，我向他们说明，我们需要一笔贷款来收购一家公司，收购这家公司后，我们的实力将会大大增强，在我看来，这个结果是很诱人的，他们一定会痛快地答应我的申请，但结果我却失败了！对此，我很懊恼，亲爱的爸爸，您说，是他们太愚蠢了，还是我哪里做得不够好？

亲爱的小约翰：

虽然你这次失败了，但我不怪你。我知道你为了公司的发展已经尽力了，只是你忽视了银行的重要作用。近来，虽然你一直想向银行申请贷款、融资，但是却没能成功，其原因就在于此。是不是觉得很奇怪？但这是有原因的。在我看来，你已经在企业经营方面积累了一些经验，所以我想趁机把这次向银行申请贷款的事交给你去做，就是想让你从中学习一些金融方面的知识。

许多企业也和你一样，平时根本就注意不到银行的好处，只有当申请贷款被拒绝或者被驳回的时候，他们才意识到银行的重要性。对此，我很是奇怪。因为，银行和厂房、设备、库存、员工和顾客一样，是应该时刻被我们放在心里的。我是从白手起家开始创业的，而你则是在我们与银行建立了稳定的关系之后才进入公司工作的，所以你没能学到这一点。不过还好，到现在为止，我们和银行仍然保持着良好的关系。

🔊 关注一切关键因素

在我们成功的道路上，有许多起关键性作用的因素，有些因素因为微不足道而常常被我们忽略，我们的失败也常常由此导致。就像那个因为丢了一颗钉子而失去一个国家的故事一样，我们不能让自己也失败在这些微不足道的细节上。

事实上，我们之前也曾经多次向银行申请贷款，却一次也没有被拒绝过。也许你对这次的任务寄予了太大的希望，所以也希望银行能痛快地答应你的申请，是不是？如果真是这样的话，那你这次的失败就是必然的。你现在的心情我完全可以理解，是不是很懊恼？尤其是你的贷款申请被拒绝时，你首先想的肯定是："我被骗了！"或者"我真是傻啊！他们压根就没明白我的意思！肯定是弄错了！"但是你想过吗？银行家也是人，是人就难免会犯错误。我想要提醒你的是，先别只顾着抱怨，再重新看看你的贷款申请，想想你申请贷款的理由和为此付出的成本，你就知道他们为什么拒绝你了。

也许在你看来，银行家就是要担负起雪中送炭的使命。你的想法也不是没有道理，但银行家们也有自己的立场。他们得确保自己的贷款能够顺利回收，所以他们在选择客户时都非常谨慎，没有把握的贷款对象，他们会毫不犹豫地拒绝。所以，并不是任何人都可以从银行获得贷款。想要成功申请贷款，首先得向银行证明自己有足够的还款能力，这一点非常关键。

🔊 失败后要注意反思

失败并不可怕，关键是要知道自己失败在什么地方了，从而及时弥补失误，避免下次再犯类似的错误。如果失败了不反思，一味地懊恼或者怨恨对方，那你永远也不会进步。

想要成功申请贷款，必须精心准备贷款申请书。但你的贷款申请书内容却不够完善，再加上你对收购那家公司后，公司实力将大大增强这件事感到非常自信，基于上述原因，银行拒绝了你的贷款申请。和银行家打交道，是为了获得贷款，所以，当你准备申请书的时候，为了得到银行的认可，一定要在申请书上写明你的贷款目的，并且还要确保这个目的能够引起银行家足够的兴趣。当然了，银行本身也有一定的审核顺序，要不了多久你就会知道，他们是真诚地希望你重新修改这份申请书。到那个时候你就会知道，你的申请书上，从始至终一直在强调你需要多少钱来收购那家公司，却没有提及咱们扩大公司规模的最初目的。所以，要是你能立刻冷静下来，重新审视一下你的贷款申请书，那再好不过了。不然，如果在收购这家公司的过程中有什么闪失，你不仅会失去我们现有的利益，还会在为新项目添置设备的时候，因为资金匮乏而感到烦恼。

在对其他公司进行收购之前，一定要先好好想想，不要过于急切，更不能盲目，因为，欲速则不达。收购一家公司，就好像你看上了一位漂亮的姑娘，即使她浑身上下都长得很完美，但如果你们的价值观不同，你也不会那么喜欢她。公司发展也是这样。原本你没有关注过的地方，和那些让你一目了然的地方，都应该成为你关注的对象。要知道，一见钟情的不一定就是合适的。

银行家也对你要收购的那家公司进行了调查，在他看来，你是想向他借钱来买下那家公司的债务，对此，他非常不满。要知道，银行家非常看重库存商品及资金的周转，他考虑得最多的就是，贷款到期的时候，你是否有能力偿还贷款？

你之所以被拒绝的另一个原因在于，从申请书中所反映的收购价格来看，你的自有资金不足，如果想让他放心，那么，在这次合作中，你至少应该出资20%～30%。如果能做到这点，他就不必担心他的钱打水漂了。而且，如果他能确定他的投资不存在风险，你也可以放心了，是不是？

📢 站在对方的角度看问题

如果你想说服别人，让他认同你的观点，那你就要站在他的角度看问题。记住，如果你总是站在自己角度，即便你说得再多、理由再充分，那也会注定要失败。只有站在对方的角度看问题，摆出充分的理由，人家才会认同你。

银行家有自己的投资策略，如果你想成功申请贷款，那你就要拿出切实可行的项目计划书。也许在对某一问题的看法上，咱们的观点相同，但具体如何实施，可能就不一样了。所以，你得好好利用自己的能力和人脉，特别是要计划好自己的资金和时间，和银行建立起友好的关系，这样才能确保你们合作愉快。

 **小/故/事**

聪明的小鼹鼠

鼹鼠是一种生活在地下的小动物，据说它们之前的地洞只有一条，每天都要外出辛苦觅食，即便这样，还是有许多鼹鼠经常饿肚子。老年之后，更是因为无力觅食而活活饿死。有一只小鼹鼠不想让自己也重复这种生活，它想改变这种状况，等自己老年之后，也照样可以衣食无忧。许多鼹鼠都笑话它："得了吧，别做美梦了！还是赶紧出去找吃的吧！"但这只小鼹鼠从来没有放弃自己的梦想。有一天，它终于想出一个办法，于是在每天觅食之余，它开始建设自己的新家。忙碌了将近一年的时间，它的新家终于建成了。这是一座迷宫一样的房子，里面四通八达。接下来，它开始每天在坑道里巡逻，许多误入其中的蚯蚓、甲虫等在这个迷宫里很快迷失了方向，成了小鼹鼠的口中食物。食物太多了，它每次都吃不完，于是把这些送上门的食物咬死，并储存起来。从此以后，只要在地洞里巡逻就可以，再也不用为食物而发愁了。

要想和银行家建立起密切的关系，可不是一两天的事儿。刚开始时，你可以邀请相关经理共进午餐。据我了解，你好像从来没有这样做过。而且，你最好改变一下你跟人打交道的方式。隔着冷冰冰的办公桌谈话，哪里有在饭桌上边吃边聊更让人感觉轻松？如果你的第一次邀请没能成功，你还可以继续向他发出邀请，直到他同意赴约为止。到那时候，他不仅会感激你的盛情，更会关注你的需求。如果你每年都能和他吃一两顿饭，并且在提出贷款申请前就向他表明你的发展规划，胜算会更大一点。但是，你可别觉得这样就万无一失了，因为90%的申请人也会这么做。

和银行家商谈贷款，还需要注意方式方法。你可以在用餐结束吃甜点的时候，向他说明你的贷款计划。此时，银行经理也会仔细琢磨你的计划，也许他会直截了当地告诉你，还是趁早放弃贷款的计划吧，因为他最近碰到了好几个类似的问题，他已经被折磨得失眠好几天了。在这个关键时刻，你要抓住这个机会，让他知道你有足够还款的能力。此外，你还可以隔三差五地请银行副经理吃吃饭，加深彼此的感情，因为他最清楚上司的工作情况，他可以告诉你什么时候请经理吃饭最合适。这或许会对你计划的达成起到很大帮助。

📢 凡事要未雨绸缪

当你遇到困难时，向一个陌生人求助，远不如向一个平时一直有来往的朋友求助容易得多。所以，一定要懂得未雨绸缪的道理。友谊的培养要在平时，别等到需要人家帮助的时候才去跟人亲近。

俗话说："天下没有白吃的宴席。""吃人嘴软"说的也是同样的意思。他们会对你的计划进行认真审核，如果他们拒绝了你的计划，说不定也正是帮你避免了一次大危机。对他们来说，审查计划几乎是每天都在进行的工作，但对我们来说，却可能一年才会遇到一次。虽然用于项目投资的贷款没被批准下来会让人感到很烦恼，但如果换一个角度考虑，无论如何，这总比买进一个毫无价值的企业给我们带来的烦恼要小得多吧？所以，先别只顾着烦恼，好好想想银行家给你的建议吧，然后，再努力看看。

在打算收购一家公司时，不妨先跟对方的老板进行深入交流，多讨论一下关于债权和库存商品的问题。如果能调整一下价格，或许更容易完成收购。此外，你也可以试着提出把债务留给对方，只购买他们公司最近半年内的库存商品。

爱你的父亲

智慧启迪

谁也不敢确定自己一辈子可以平平安安，永远不需要别人帮忙，所以，我们有必要在平时就跟身边的每一个人处好关系，这样，当你面临困难需要有人帮忙时，尽管向他们张口好了，只要你的要求不过分，他们一般都会帮助你。有那么多坚强的后盾，你怎么还会束手无策、陷入孤立无援的境地呢？

25 诚实是一笔宝贵的财富：
任何时候都别让自己的人品出问题

○ *小约翰的心声：亲爱的爸爸，前段时间有个客户说对咱们的产品感兴趣，想要订购一大批。我很高兴地带他参观工厂，给他讲解我们公司的实力和产品优势等，希望可以顺利签订合同。但我没想到，他根本就没有合作的诚意。为了这笔生意，我浪费了太多精力，但最后竟然是这种结果，实在让人感到气愤！亲爱的爸爸，您说，这是什么人啊？*

亲爱的小约翰：

别让困难成为你成功的阻碍，而要把它变成你成功的动力。看了你的报告，知道你未能跟客户签订合同，对此，我深表遗憾。我也知道，你非常看重这份合同，为此你努力了，也浪费了很多精力，但最后却失败了，这个结果的确令人沮丧。不知道你会不会因此而记恨对方？如果你有这种想法，不仅无法挽救失败的结果，还会给你带来更大的损失，因为你会陷入无尽的烦恼，情绪也会因此而变得非常低落。所以，千万别为这点事消沉下去。你平时的乐观和热忱去哪里了？

失败和运气不好不是一回事。这是一个很现实的社会，用不了多久你就会知道：世界很大，但真正可以完全信赖的人却少之又少，所以，在和其他人相处的时候，你要有点戒备心。

初次与人相识，一定要多了解对方，弄清他的背景，一般来说，人们的行为都受自己习惯的影响。有些人不遵守游戏规则，欺骗已经成为他做事的习惯，他一定伤害过许多人。而那些被他们伤害过的人，一定也会或多或少心存报复，这些观念在他们的内心一定有残存，如果你的客户是这样的人，一定要先了解清楚。

🔊 **有点戒备心**

虽然社会上好人还是占大多数，但坏人也还存在，他们或许会冒充爸爸妈妈的同事来家里敲门；先跟你套近乎，然后递给你一瓶"免费"的饮料；等等。总之，危险随时可能会出现，有点戒备心总归没有坏处。

另外，你要充分发挥自己的才能，努力提升售后服务质量。对客户来说，你才是他们直接交往的对象，所以，公司对他们的影响并不大。如果你的售后服务一流，他自然会信赖你，信赖公司，很痛快地跟你签合同。此外，优秀的员工、一流的设备、有效的经营方式，都会引起客户的注意。

曾经的尝试，应该为你以后的工作提供经验，如果能这样做，也算是对这次失败的弥补吧。调查一下这次失败的深层原因，也许你会发现一些规律，当以后再次面对这样的情况时，你就能用有效的态度、恰当的方法把事情处理好了。聪明人都知道从失败中找教训，而且，这种经验和教训远远大于胜利时所给予我们的。

首先，你要明白，这次失败并未使你的人品受到影响。其次，也没有损害任何人或公司的信用。幸亏没有，不然你会更加难过，而我也不会饶过你，相信这一点你一定可以理解。

你诚实，而对方却没有这种好人品。我很奇怪，他怎么在企业界长期立足的？企业界并不大，而他在欺骗一个人后，又去欺骗另一个人，他的企业怎么可能长期存在？我相信，欺骗迟早会让他尝到恶果！所以，你不用再去考虑他的人格，注意自己的人格不出问题就行了。

诚实的人一定会有回报，也许短期内看不出效果，但时间长了你就会感觉出，并惊讶于它的价值。一个诚实的人，其生活态度也具有高度的道德感，所以在日常生活中，他们做事认真负责，为人正直坦率。对企业的生存与发展来说，这种品质会为企业注入永久的生命力。跟人签订合同后而不履行的欺诈行为，虽然可以暂时让他获得一大笔金钱，但从长远来看，这是企业失败的根源。要想获得真正的胜利，就不能这样做。

🔊 **诚实是一笔宝贵的财富**

　　诚实的人可以赢得更多的友谊，诚实的企业可以开拓更大的市场，诚实政府可以赢得更多的拥护者，可见，诚实是一笔多么宝贵的财富！

 **小/故/事**

诚实无价

　　路透社是世界三个多媒体通讯社之一，他的创始人路透出生在一个贫穷的家庭，13岁时父亲就去世了，从此，他和妈妈相依为命。为了维持生计，他在一家银行做了一名工人，工资虽然不多，但总算可以勉强度日。

　　有一次，银行派他到一个客户家里取点钱，钱取回来后，他突然发现客户多给了他300法郎。这事要是放在有的人身上，可能就把这些钱悄悄收起来了，但路透却没有。他连想都没想，立即把钱给客户送了回去。这个客户就是历史上著名的数学家高斯，高斯很欣赏路透的诚实，对他说："以后有时间常来我家玩吧，我想和你交个朋友！"

　　从此，路透便成了高斯家的常客。路透不仅人品好，还是个爱学习的孩子，他开始跟高斯学习数学，后来还迷上了电报。时间不长，高斯便出资在柏林给他开了一家书店，于是，路透便辞去了银行的工作，开始了自己创业的时代。经过多年的努力，路透终于建立起了一个巨大的通讯网络，他的生意甚至扩展到了全世界。这一切，最开始都是源于他的诚实啊！

　　无论如何，都不能丢掉诚实的品格。这次签合同的事情被人欺骗，我可以理解，此时，你内心一定充满了怨气，也一定想过要发泄一下吧？是不是也想去欺骗别人？有这种想法很正常，但却不能这样做。如果因为自己的不幸遭遇而去伤害别人，表面上看我们获得了补偿，但因此而带来的损失，会让你后悔一辈子。

　　其实，你并没有损失什么，因为合同原本就不存在。如果因为没能签订合同而心存抱怨，甚至想冲动地去报复，那你的损失是不是太大了？其实，你没有失败，只是经历了"暂时的挫折"。暂时的挫折会给我们未来的发展注入新的活力，让我们找到一个比以往更美好的方向，从这种意义上说，挫折也是一件好事。

所以，即便身处逆境，或遭遇了暂时性挫折，你都要永远牢记教训。这个教训可不容易获得，除了挫折，什么也给不了我们。

◀)) 挫折也是一件好事

每一个孩子在学走路时，都经历了无数次跌倒，就因为他们一次又一次爬起，才最终有了稳健的脚步。所以，在我们的人生旅途中，如果能穿插一些挫折，我们的人生将会更美丽。就像大海中因为有了暗礁、岛屿，才会激起一波又一波美丽的浪花一样，挫折也是我们生命中一朵幸福的浪花。

相信有了这次教训，以后在与客户交往时，你一定会格外注重他们的人品。这样看来，你这次的努力不也没有白费吗？或者换个角度来看，如果合同生效，就他的人品，你能想象出会有什么后果吗？能及时看透他的人品，断绝和他的来往，这是一件好事啊！如此看来，这次没能签订合同，不是失败，而是幸运。

爱你的父亲

智慧启迪

欺骗与被欺骗在这个社会上不断上演，但聪明者把这当做一种教训，充实自己思想的堡垒；愚蠢者却总是在想，应该如何去报复他。因为前者有了警戒之心，他会变得越来越不容易被骗，在这个过程中，他的人格也会越来越高大；而后者，因为不知道反思，总想着如何去报复，下次遇到这种情况，他还是会被欺骗，这样的人是很难取得进步的。

历史这本故事书，内容丰富、充满刺激，并给人无限的乐趣。阅读这本书，我们可以感受富兰克林、华盛顿等人的睿智，领略《圣经》的智慧，参考孔子关于人与社会的看法，了解许多英雄人物艰苦卓绝的成功经历，等等。你觉得自己已经很努力了，可看了这些书后，你就会觉得自己的努力还远远不够！若想我们的人生之旅继续下去，就要学会选择，并朝着选定的方向迈出第一步。选择一本有价值的书去阅读，自然会帮助你选定前进的方向。

——摩根

第五章

全面提升自我价值，
不断追求与超越

26 读书，让我们赢在起跑线上：
多读书，读好书

> 小约翰的心声：亲爱的爸爸，和同龄人相比，我的智商不是最高的，但因为有您这样一个好爸爸，让我接受了最好的教育，和同龄人相比，我已经很占优势了。但和同学们相比，我如何才能取得更大的优势？亲爱的爸爸，在这方面，您能给我一些建议吗？

亲爱的小约翰：

读书的目的在于学习，你要善于从别人的错误中汲取教训，因为你的时间有限，不可能体会所有的过失，所以要善于利用别人的经验和教训。在为人处世上，也要多听取别人的建议。

世界无时无刻不在发生变化，但在企业经营的决策层面，则是一种不断重复的过程，所以，我们可以透过书本来学习。如果你肯花费时间和精力去读书，比起那些不爱看书的同辈，你就已经赢在了起跑线上。

看起来，我们似乎每天都在接触新事物，但其实很多东西都是形式上的不同，根本性的重复。《巴德雷特的常用引句集》是一本自《圣经》以来，网罗古今中外思想，对人生进行考察和探索的书籍，在这本书中提及了众多名言，下面这几条你一定听说过。公元前700年霍美罗思说过："儿子和父亲总是不一样的，几乎都要比父亲逊色，真正做到青出于蓝而胜于蓝的是极为少数。"公元前500年中国古代的孔子说过："不要跟不如自己的人交朋友。"公元前550年希腊的伊索也说过："不知道自己无知的人，比无知者更可悲！"巴德雷特的这本手记被一直流传下来，向我们传达着几个世纪前先哲们的哲学思想。我们都是人类历史上的一个小点，都在按照自己的方式和思维生活，历史上的名人也是如此。所以，如果我们能探知先哲们曾经为什么而苦恼，他们是如何思考和解决这一问题的，我们的问题也就可以迎刃而解了。起码，通过学习他们的经验，会让我们在解决问题时更加得心应手。

 读书，让我们赢在起跑线上

世界很大，因为我们穷其一生都很难走遍世界的每一个角落；世界又很小，一本书就可以装得下。可见，读书是我们了解人类历史、了解世界的一个捷径，如果你善于利用这个捷径，你就赢在了起跑线上。

小/故/事

读书成就人生

我们所熟知的鲁迅先生，还有一段很有趣的读书经历呢。因为他刻苦学习，成绩一直很优异。有一次，学校为了表扬他，也为了激励其他学生，发给他一枚奖牌。这可是一枚金质奖牌，要是别人，可能就留下来作纪念了，但鲁迅没有。拿到奖牌后，还没等别的同学好好欣赏一下，他就立即高高兴兴地跑到街上，把这枚奖牌给卖了。然后，他拿着奖牌换来的钱跑去书店，选了几本书，回来的路上，还买了一串辣椒。接下来，他就开始如饥似渴地捧着这些书读起来。当时正值冬天，一到晚上，气温就变得很低，有时候读书读得太冷了，他就拿一个辣椒放在嘴里嚼，很快，他就辣得满身冒汗，不再感到寒冷了。就这样，鲁迅先生用辣椒驱赶寒冷，一直坚持读书，终于成了一位伟大的文学家。

读书对一个人的影响是很大的，对我来说，我读了一辈子书，就好像活了几十回似的。并不是我自以为自己多么了不起，而是和其他人相比，我总能有效地利用时间。之所以要这么做，是因为社会很大，我们生活的圈子却很小，没办法去体验社会的方方面面，但我们可以借助书本来提高自己的智慧，从这方面来说，那些不喜欢读书的人，是多么悲哀！对于自己的人生，你读懂了吗？我知道，有太多的人就一直生活在懵懵懂懂之中。

虽然我们一直在强调读书的好处，但读什么书也是有讲究的。有的人似乎一直没有停止过读书，但他们读的几乎都是小说。很显然，小说对我们个人发展没什么帮助。的确，小说阅读起来很轻松，但它们只能作为业余消遣，可我们哪有那么多时间去消遣！让人感到很奇怪的是，对许多人来说，读书就像是要他们完成一项艰巨的任务。我们要学习的东西太多了，有许多事比看小说更有意义，时间很宝贵，我不愿意用这有限的时间去欣赏别人的白日梦。

约翰·罗克曾经说过："到目前为止，人类所有的知识都是从经验中获取的。"我觉得他说得很对，不过我也有自己的看法，在我看来，吸收别人的经验，有助于扩大自己的视野。林肯在成为总统之前，就有人讥讽他在做白日梦。但他不在乎别人怎么说，也没有因为缺乏经验就退缩，最终，他成功了。因为他的努力付出，成功就是迟早的事。有一件事最能说明问题：14岁之前，他就把图书馆内所有藏书都看了个遍。是书本给了他力量，让他拥有了敏锐的洞察力，得以应对各种前所未有的全球性问题。

🔊 多读书，读好书

读书是人类进步的阶梯，要想不断进步，快速进步，必须多读书，但这也不是说书读得越多越好，而是好书读得越多越好。所以，读书应该有选择，垃圾书读一车，不如好书读一本。

历史这本故事书，内容丰富，充满刺激，并给人无限的乐趣。阅读这本书，我们可以感受富兰克林、华盛顿等人的睿智，领略《圣经》的智慧，参考孔子关于人与社会的看法，了解许多英雄人物艰苦卓绝的成功经历，等等。你觉得自己已经很努力了，可看了这些书后，你就会觉得自己的努力还远远不够！若想我们的人生之旅继续下去，就要学会选择，并朝着选定的方向迈出第一步，选择一本有价值的书去阅读，自然会帮助你选定前进的方向。

别人为了克服困难，到底是如何绞尽脑汁地冥思苦想？这一点，我们无法去亲身体验，只能凭空想象，但书本却可以告诉我们。阅读好书，可以打开我们的心智，启迪我们去思考，指引我们去追求美好生活。当我们产生懈怠的念头时，它就会及时地给我们敲响警钟，告诉我们，浪费时间是多么可耻的行为！

企业家和别人的不同之处就在于，在大同中追求与众不同，这也是成功者的特质之一。所以，你要敢于尝试别人不敢做的事。

错误在所难免，即便圣人也不例外，更何况我们只是普通人。每当我做出一项重要决定时，往往会遭到亲朋好友的指责，我知道，他们也是为我好，认为我要做的事风险太大，所以才对我的大胆冒险提出警告，他们的好意我会欣然接受。但有时我也会坚持自己的决定。那一次，我刚刚取得会计师资格，就辞去一家大企业的职位，去了一家小公司，当时，我的这一决定遭到了许多朋友和同事的嘲讽，但现在，我有了自己的事业，并且事业蓬勃发展，可见，我当时的决定是多么明智！40岁时，我开始学习驾驶滑翔机，许多人都感觉我不可理喻，认为我不负责任，因为孩子们都还小。但因为我的这个决定，我给全家带来了许多快乐。

🔊 读书给人智慧，给人力量

读书可以增长见识，让我们足不出户就知天下事；读书可以让我们学到本领，从而可以立足于社会；读书可以振奋精神，让我们把一切艰难险阻踩在脚下；读书可以教给我们解决问题的方法，让我们面对一切问题时得心应手。

要想让你的管理水平更上一层，只有一种方法，那就是多读书，从书本中汲取智慧，提高自己。

最后再送你一句名言，圣汤玛士·阿奎马斯说过："远离只看一本书的人！"因为阅读面狭窄，这种人的思想也比较狭隘，但我相信你不会这做。

爱你的父亲

好不容易到了假期，终于可以好好放松一下了，但爸爸却从书店给你抱回了一大摞书，让你在写作业之余，一定要把这些书全部看完，并且还要写读后感。看着同学们写完作业后都高高兴兴地出去玩了，你是不是有点怨恨你的爸爸？其实，爸爸全是为了你好！现在叫你多读书，正是为你的将来做准备呀。你想，如果你坚持经常读书，你的心胸自然会开阔，见识也会增加，解决问题的方式也会更多，等将来走上社会找工作时，你是不是已经比别人有了一个高起点呢？所以，不要怨恨你的爸爸，即便他不督促你，自己也要主动去读书！

27 养成终身学习的好习惯：
不断学习新事物，汲取新经验

> 小约翰的心声：亲爱的爸爸，经过一段时间的努力，我得到了同事们的赞赏，也得到了上级领导和您的认可，就在今天，我接到公司一份任命书：我从一名普通的销售人员，被提升为销售部经理。在兴奋之余，我又暗下决心：我一定要更加努力地工作，在新的岗位上一展所长。亲爱的爸爸，我之所以又在这里啰唆这件事，不是向您炫耀，而是想听听您的建议，我要怎么做才能在这个职位上做得更好？

亲爱的小约翰：

这段时间你的表现很不错。可以看出，你对待工作的态度是非常认真的。在你的身上，没有出现一般纨绔子弟们的不良习气，不仅如此，你还取得了很好的成绩。鉴于此，公司将你升任为销售部经理，希望你再接再厉，在这个岗位上一展所长。

许多人刚刚取得一点成绩就开始骄傲自满，以至于变得停滞不前。你在校时的成绩，以及在工作中取得的成就，足以说明你有很高的天赋。同时，你有丰富的知识，对待工作充满热忱，认真负责，并对工作有深刻的见解。现在，你唯一欠缺的就是经验了。这个工作岗位对你来说是全新的、从未经历过的，所以，你要始终保持谦虚、谨慎的态度，遇事多向有经验的人请教。

> **◀)) 向有经验的人学习**
>
> 在我们刚刚接触一个新行业、新领域时，往往会不知道从哪里下手，但有经验的人却可以告诉我们，前提是你要虚心向他们请教。他们的帮助，可以让你少走许多弯路，并迅速在新的岗位上得心应手。

 **小/故/事**

刘备三顾茅庐

西汉末年，黄巾军起义，军阀割据，整个国家处于一片混乱，百姓们生活在水深火热之中。身为皇室之后的刘备打算光复汉室。他听说诸葛亮很有才能，就备了礼物，亲自去他家请他，希望他能助自己一臂之力。第一次去的时候，恰巧诸葛亮有事外出，刘备只好失望地离开。不久后的一天，外面刮着大风，下着大雪，刘备以为，在这样的天气里，诸葛亮一定在家，于是他又备了礼物，第二次登门造访，但很不巧，诸葛亮这次还是没有在家。刘备只得留下一封信，信中表达了他对诸葛亮才华的敬佩，希望他能出山，和自己一起挽救国家危亡。又过了一段时间，刘备打算再次亲自前往诸葛亮的家中。这次，刘备的结拜兄弟关羽出来劝阻："照我看，诸葛亮未必有真才实学，也许是浪得虚名，咱们还是别去了！"张飞也说："主公，这次您就别去了，我一个人去就行。如果他不来，我干脆用根绳子把他绑来算了！"听到这话，刘备生气地说："兄弟怎么能这么说呢？咱们要光复汉室，正是需要人才的时候，我亲自去请还怕他不来呢。你们都别说了，我是一定要去的"于是，刘备命人准备了礼物，第三次去请诸葛亮。因为距离较远，等他们到达诸葛亮的家时，已经到了中午。这次诸葛亮在家，不过他正在午睡。刘备没有叫醒他，而是在旁边耐心地等待。一直到诸葛亮睡醒了，两人才坐下来谈话。诸葛亮被刘备的诚心打动，他决定出山。在诸葛亮的帮助下，刘备建立了蜀汉皇朝，取得了与曹操和孙权同等的地位。可以说，西汉末年的三足鼎立局面，离不开诸葛亮的谋划。

当自身存在经验不足的情况时，该如何来弥补呢？首先你要知道，经验不足并不能成为阻碍我们才能发挥、实现目标的原因。遇到问题，先冷静下来分析一下：问题到底出在哪里？并参考自己收集到的材料，反复验证。

在对事情没有搞明白之前，不要鲁莽行事，必须先弄清这些情况：自己拥有哪些资料？资料是否完整？有没有需要补充的？是否先要收集完整资料，再制订行动方针？等等。若能保证自己收集到的资料真实准确、完善，成功就是迟早的事。不知道你是否还记得小时候的事：每次我们全家出去旅游，要在森林里露营时，首先要做的就是选择一块平坦、坚固的地面，否则，后期的工作就很难开展。

在你掌握可靠的资料之前，是先分析资料，还是先开始工作，两种结果会有很大不同。所以，你必须克制想工作的冲动，就像我们每次外出旅行之前，大家都高高兴兴地盼着早点出发，但我却拿着一本旅游指南，在那儿耐心地检查我们的装备，生怕漏掉了什么重要东西。这不是因为我缺乏经验，而是因为我养成了小心谨慎的态度。

◄)) 养成小心谨慎的态度

尽管人们常说："百密必有一疏。"但小心谨慎却可以让我们将失误降到最低。学习上小心谨慎，可以让我们发挥出应有水平；生活上小心谨慎，可以让我们的生活更有秩序；工作上小心谨慎，可以让我们避免项目失败，甚至生意破产。

当资料收集完备以后，再想一下，你身边的人能否再给你提供一些有价值的资料或建议。比如公司那些和你平级的人、你的上级，或者其他可以跟你商量事情的人。

收集资料，并对所收集到的资料进行分析和思考，接下来就很容易步入正轨了。许多时候，导致失败的原因并不是因为占有的资料不足，而是因为缺乏经验，所以才出现判断失误的情况。我的建议是：收集资料，分析资料。前者需要你的耐心和细心，后者则要依赖你的经验。

可是，如何熟练地分析资料呢？其实很简单，就是要综合考虑。在此，我必须强调一点，一定要先深思熟虑之后再采取行动，而不要凭自己的直觉妄加判断。这样做也许会让你做事的速度慢很多，但却可以大大降低出现差错的几率。

对所收集的资料进行分析之后，就到了采取行动的时候。这一点，我相信对你不是问题。你的实践经验已经很丰富了，在学校时你就已经开始崭露头角，现在，你只要以坚定的信念，彻底奉行自己的决定就可以。

需要提醒你的是，虽然我现在已经六十多岁了，建立自己的企业也有几十年了，但我从来没有停止过学习新经验。企业发展日新月异，新鲜事物层出不穷，我必须不断学习新事物、积累新经验，这方面，我从来不骄傲自满。承认自己的经验不足，不会伤害到你的自尊心，但却关系到公司的收益。

📢 养成终身学习的习惯

俗话说："学习如逆水行舟，不进则退。"世界在不断发展和进步，即便孔子生活在现代，如果他不学习，恐怕也跟不上时代发展的步伐。所以，学习是一件永无止境的事，我们一定要活到老，学到老，养成终身学习的习惯。

以你自身的条件，再加上一定的经验，相信你一定会成为一位优秀的管理人员。但是，经验的获得，需要你在工作和生活中积累。需要注意的是，即便你以后已经有了很丰富的经验，也不要停止学习。对于失败，我们可以学习到另一种经验，避免再次遭遇失败。

请记住这句话：当鸟儿婉转的歌喉响起时，整个森林都会寂静下来！

爱你的父亲

在班上，你的学习成绩是最好的；在身边所有孩子中，你读的书也是最多的。对此，你是不是很骄傲？是不是觉得自己已经很了不起了？有人曾经把一个人所掌握的知识比作一个圆，随着他知识面的扩大，他所能接触到的未知也就越来越多。可见，学习永远没有止境，唯有不断地学习、学习、再学习，你才能确保自己永远处于领先地位。

28 养成主动做事的习惯：把自己打造成职场上的"香饽饽"

> 小约翰的心声：亲爱的爸爸，自从参加工作后，我发现一些很奇怪的现象，总有那么一部分人，领导在时，他们一种表现，领导不在时，他们又是另一种表现。而且，如果领导不给他们规定完成任务的期限，他们似乎就会一直拖下去。我很奇怪，他们怎么就没有一点积极进取的精神？他们的人生目标去哪里了？

亲爱的小约翰：

书籍是人类智慧的结晶，我们可以通过读书获取一种能量，找到成功的捷径。你一定要多读书，读好书。给你推荐一本书：《致加西亚的信》，这本书虽然篇幅不长，但却可以给我们很多启示，起到鼓舞人心的效果，所以部队里的人都快看遍了。如今，这本书已经被翻译很多国家的文字，流传到了世界各地。我对这本书也很欣赏。

我相信这本书对你也会有很大帮助。一想起这本书，书中那位伟大人物的形象就出现在我眼前，他就是罗文。故事是这样的：

美西战争打响后，联邦政府总统需要马上和古巴革命的领导人接上头。不过这位领导人暂时在古巴山区的一个要塞藏身，外人无从知晓详细地址，更别说用信件或电报取得联系。不过总统的确很迫切地需要他。

情况万分火急，怎么办？有人对总统说："如果只有一个人能找到加西亚，那这个人非罗文莫属！"

于是总统召见了罗文，并交给他一封信，让他亲手交给加西亚。罗文二话不说，接过那封信，就把它装在一个油布袋里密封好，装进了上衣内侧的左边的兜里，自始至终，他什么也没说。四天以后，在夜色的掩映下，罗文乘着小船到达古巴海岸，很快就消失在了丛林中。他在敌国徒步穿行，顺利地把信送到目的地，三周以后，又出现在另一端的海岸。

关于这个故事，我不想再多说什么，但我想强调一点：在总统把信交给罗文，要他转交给加西亚时，他什么也没说，甚至连一句"他在哪儿"都没问。

优秀的榜样永远值得我们学习，就像罗文那样。他是那么坚忍不拔，为了完成自己的工作，不畏艰难险阻，一往无前。正因为有这样的人，才有了那么多成功的典范，受到世人的敬仰。在我看来，我们真该为罗文塑造一尊雕像，放在各大学校园里，作为大学生们的楷模。对年轻人来说，书本上的知识固然重要，但无所畏惧的精神和强烈的责任感也不可或缺，只有这样，才能像罗文那样立即行动，把信顺利地送到加西亚手里。

🔊 榜样的力量

"以人为镜，可以明得失。"通过与榜样比较，我们可以知道自己哪里做得不够好，从而把他们作为自己努力的一面旗帜。同时，他们身上所蕴含的那种积极进取的精神，也会给我们注入一种无形的力量，催我们奋发向上。

只要你肯展开想象，把自己的未来勾勒出来，这幅美好的画面就会成为你专注的目标，像罗文一样奋斗不息，那么，你一定会收获意想不到的结果。

然而在现实生活中，很多人都不够细心，甚至愚蠢、懒散，只有在利益的驱使下才会帮你做事。要么你就期待上天恩赐给你一个好帮手吧，不然成功的希望很渺茫。如果有一项事业需要众人齐心协力才能完成，那人一定会感到惊诧万分：人类怎么如此无能！因为他发现，那些人总是不能同心同德，更没有成就大事的能力和希望。不过你应该不是这样的人，从很小的时候起，你就表现得很独立，我相信，经过生活和工作的历练，你一定会表现得更优秀！

怎么，你不相信？那你就试试，随便叫一个员工过来，告诉他："请你帮我查一下百科全书，把有关科尔顿的一些相关资料拿给我。"

你以为他会回答一句"好的"，就立即着手去做了？我敢打赌，他肯定不会！他肯定会惊讶地问你几个这样的问题：

科尔顿是谁啊？

您说的是哪个百科全书？

那本百科全书在哪儿呢？

这事能不能叫查理去做？

他是哪个时代的人？

这个工作急不急？

我把书拿过来，您自己查可以吗？

您想了解他哪方面情况？

即便你一一回答了他的问题，他也不一定自己去做，很可能去找人帮忙。或者干脆直接告诉你：找不到有关科尔顿的资料。

如果你考虑周全，还特别叮嘱那个员工，科尔顿的第一个字母是K，不是C，那还不如直接跟他说："算了，还是我自己查吧！"因为人们普遍缺乏主动做事的精神，他们愚昧、软弱，总是不情愿地接受，因此我们一直没有看到真正的"罗文"。一个只为自己着想的人，能指望他为了所有员工的利益而牺牲自己吗？

🔊 养成主动做事的习惯

被动做事的人，总觉得他是在为别人工作，能偷懒时就偷懒，在他们眼里，工作永远是一种负担。而主动做事的人，总能找到工作中的乐趣，他们永远不会觉得工作是一件累人的事，相反，对他们来说，工作就是一种享受。

为了让那些懒散和自私的员工把精力集中在工作上，有些老板身先士卒，一直默默无闻地工作，直到再也无法动弹。为了找到"得力干将"，他得鞠躬尽瘁，一直这样坚持着。这样的老板，我都不知道该跟他说什么好。对于任何一家工厂或企业来说，把那些无所事事的员工开除出去都是正常的，老板就是要不断地把那些没有才能的员工清理出去，再代之以新员工。之前，曾经有一些伤感的、让人同情的话传进我的耳朵："被虐待、被剥削的劳力"或者"无依无靠的人啊，还是赶紧找份正当工作吧！"这种感慨，都是针对老板而发。

经济繁荣时，这种除旧进新的工作会一直继续，当经济萧条时，这种态度应更加坚决，没本事的人就应该卷铺盖回家，这是优胜劣汰的法则。因为老板们都希望最优秀的人才留在身边，好帮他"给加西亚送信"。

如果一个人对自己所期待的东西能够有所反应，那么，当环境或者其他暗示让他产生潜在的能量时，这些能量就会让他行动起来，精神饱满地投入到工作当中。

有的人，虽然他有很优秀的潜质，却缺乏自己做事的能力，也不愿意去帮助别人，这种人是非常自私的。他总是喜欢胡乱猜疑，觉得老板正在压迫他，或者就要压迫他，他不会给别人发号施令，对别人发号施令也熟视无睹，如果你让他"给加西亚送信"，他很可能会说："还是你来吧！"

当时，他在大街上四处求职，一家一家公司地去问，却没有一家想要他。了解他的人不可能雇用他，因为他经常鼓动其他员工的不满情绪。同时，他还蛮不讲理，要想让他记住你，就得用高跟的马靴用力地踹他一脚才行。

这种非常有个性的人，很难与其他人合得来，我们干吗还要怜悯他。相反，那些努力做事、下了班还在继续埋头苦干的人，才真的值得我们同情，况且，他们还领导着许多员工呢。如果他们不这么努力地工作，员工们还不得流落街头喝西北风去。

没有人能随随便便成功，我看重的是积极进取的人。可能我说的你有点儿接受不了，不过对于贫民化的人类来说，我的同情只留给成功的人。这些有勇气面对生活重负的人，是我们每个人前进的动力，即便他们取得了胜利，得到的也只是房子和衣服，仅此而已。

比如说我吧，我每天上班都会带着午餐，干我该干的活儿。我觉得能创造财富本身就是很有意义的事情，也很光荣。贫穷这玩意儿，没有一点儿好处，衣衫破烂不值得称道，而且并不是所有的穷人都那么品格高尚，老板也不都唯利是图。贫穷，不能让我们衣食无忧，也不能让我们帮助亲朋好友脱离苦海，它甚至还把我们帮助别人的优良品德给剥夺了。

因此，那些领导不在仍然埋头苦干的人，是最值得我赏识的。如果把一项重大的任务交给他，他会毫无怨言地接受。这样的人不仅永远不会被开除，甚至还会在自己的工作岗位上大有作为。但他也不会借此机会要挟老板涨工资，人类文明就是由他们创造的。

◀)) 社会需要有用的人

> 一支圆珠笔没油了，我们会把它扔掉；一台机器老化了，我们会用新的把它替换掉。如果它们想一直陪伴在主人身边，就必须不断充实自己，因为，没用的东西是没人留在身边的。对于人来说也是如此，如果你不能让人家感觉出你的价值，那你就是个没用的人。

如果他们有什么愿望，很快就会得到满足。不管是在城市还是农村，也不管是在公司、商店，还是工厂，人们都在寻找他们，他们永远是被需要的人。我希望你能发掘自己的能力，勤奋上进，成为他们中的一员。

爱你的父亲

我们有时候会听到大人们说，某某某一个月挣多少多少钱，另一家单位想用更高的薪金把他挖过去，但原来单位就是不放。你知道这是为什么吗？因为对于老板来说，只要把他留在自己身边，就等于留下了一台为自己赚钱的机器。这话虽然有点不近人情，但事实的确如此，老板们的目标不就是追求利润吗？能为老板创造利润的人，才是职场上真正的香饽饽。你是不是也想让自己成为这样的人？那就端正自己的态度，不管在什么地方，不管做什么事，都要用心去做，千万不要三天打鱼两天晒网。

29 健康是幸福和一切力量的源泉：
小心呵护我们的身体

小约翰的心声：亲爱的爸爸，每天早上一睁开眼睛，想到公司还有那么多事等着我去做，我就感觉压力好大！想睡个懒觉的念头一上来，我就不得不立刻把它们扼杀掉。就这样，每天我都要忙到很晚。听说吸烟可以缓解身体的疲乏，有时候我真想试一下，但我知道这样不好。唉，牢骚发完了，我还是继续工作吧，反正我现在还年轻，多干点也无所谓。

亲爱的小约翰：

每个人都很看重自己的身体状况，但很多都是在健康的时候不加注意，直到生了病才开始后悔。在许多人看来，能够拥有健康的身体是很正常的事。于是，他们肆意地使用自己的身体，经常让它处于忙碌和疲乏的状态，却从来没有好好保护过它。虽然我们感激上天给了我们一个灵活健全的身躯，却从来没有真正地关注过它。

许多行为都会危害到我们的身体健康，比如下面这几个常见的行为。抽烟，这个行为对身体的危害很大，如果你平均一小时抽两三支烟，就会定期把尼古丁和焦油送到你的肺和血管。此外，城市里汽车的尾气和人工制造的各种污染也在威胁着我们的肺。饮食，过度饮食和油腻的食物对我们的消化系统不利，如汉堡包、甜点和大量的白糖，虽然这些食物吃起来很可口，但饮食太多对身体也是一种负担，直到身体开始吃不消。

我们每天都在背负着超额的体重，以心脏为主的循环系统来说，每天除了正常的工作，还要负责分解香烟和洋芋片，甚至还要分解一打半打的啤酒或白酒。许多人在晚上，为了放松身体，甚至还要抽很多支香烟。

📢 远离不良习惯

暴饮暴食、甜腻油炸食品、吸烟、酗酒等都会对身体造成很大损害，这种不良生活习惯可能短期内不会出现不良后果，但它们是在不知不觉中慢慢侵蚀你的身体的，所以，时间长了你就看出来了。但你可不要因此而去尝试，因为习惯养成容易，要改可就不那么简单了。

请听我解释，虽然生活给我们带来了很大压力，但压力不是最近才出现的，而是伴随人类的产生而产生，始终存在于人们的日常生活中。原始人从住在洞穴时开始，就一直面临巨大困难，因为他们要随时驱赶迎面而来的野兽。许多人为了生存，顶着巨大的压力，所以科学家开始把压力当成一种疾病，甚至还对压力进行了系统研究。最开始对压力进行研究的人是汉斯·西里弗斯，在他看来，疾病的产生就源于压力。适当的压力有利于身心健康，过度的压力则会对人的健康造成损害。

在大多数人都开始抽烟、喝酒、饮食有害食品的情况下，疾病频发，追求健康不再是一件容易的事。所以，要想维持健康的身体，必须有一个健康的生活习惯，这就要求我们必须有强烈的自制力，从思想上加强认识，远离不良习惯，希望你从现在起就把这件事放在心上。据说有一家保险公司为了调整保险费的支付而进行了一项调查，试图搞清百岁以上老人的长寿秘诀，调查发现，这些人都有一个共同点：工作适可而止。他们每个人都很清楚，做任何事都要适可而止。

🔊 凡事要适可而止

工作如果不适可而止，身体一直处于劳累状态，这个人的身体很快就会崩溃。学习如果不适可而止，让大脑一直处于高速运转状态，这个人的精神很快就会崩溃。娱乐如果不适可而止，让自己一直沉溺其中，他就不可能实现自己的人生价值。所以，适可而止是我们做任何事情时都要遵守的一个原则。

小/故/事
上天是最公平的

一位富翁坐拥亿万家财，可他小小年纪就患上了非常严重的心脏病，心肌梗塞得只剩下2毫米，而一般人的心脏厚度却是10毫米。医生告诉他，这种病咳嗽时不能用力，大便时也不能用力，更不能从事剧烈运动。看着同龄人跑步打球，而自己走路时却要小心翼翼，他很羡慕，也很郁闷。尤其是感冒的时候，嗓子难受得总想咳嗽，可他必须克制自己，因为一不小心，他可能就会把命给丢了。看着路上八十多岁的老大爷走起路来健步如飞，他不禁感慨："上天不公平啊，人家83岁却什么事都没有，而我才38岁，却得了这么个怪病！"就在这时，上天突然来到他面前，对他说："谁说我不公平了？想想你以前的日子吧！你是怎么得上这个病的？自从你有了钱，就开始胡吃海喝，整天山珍海味、生猛海鲜、大鱼大肉的，几步远的路你都舍不得走，出门就是宝马。你家二层的小别墅，连上楼下楼都是电梯，旁边的楼梯，你什么时候走过？抽烟喝酒对你来说，更是家常便饭。在工作方面，你也总是容易激动，每当公司做成一笔大生意，你就激动得不得了；每当公司在生意中赔了点钱，你就急得团团转。你从来都没有遵循过健康规律，健康又怎么会一直停留在你身边？"

每个人都会或多或少感到一些压力，关键在于自己如何去抗拒，或者把它转化为一种动力。心理学家为了帮助人们减轻压力，做出了各种尝试。如果你也这样想，建议你每天花几分钟时间做一些基本动作，可以让你达到放松的效果。

如果你能做到这点，大脑多余的潜能就会被开发出来。你必须首先放松自己，摒除大脑中一切杂念，当大脑平静下来后，再开始处理问题，并且，一次只能处理一个问题。也就是说，你必须在心情最平静、头脑最冷静的时候处理问题。因为在我们的身体中，虽然肝脏、心脏、肺脏一直处于过度工作中，但大脑被开发得却不够，所以，大脑的利用空间还是很大的。

头脑冷静并充满活力，可以通过放松的方式来实现，方法有：沉思、冥想、肌肉放松、自我催眠等等。你适合哪种方法？找出来并进行一段时间的练习。当你找出最能让你的头脑保持冷静的方法后，不管你遇到什么问题，就都可以轻松搞定了。

要想找到并掌握最适合自己的放松方式，一开始你可以找专家帮忙，不过很快你就会发现，这些对缓解压力很有效的动作其实很简单。我很奇怪，为什么那些教育家们不把这一技术放到课本里，作为学生的必修课呢？如果真能做到这点，那些镇定剂、酒、咖啡等的销量一定会锐减，社会也会变得更纯洁，更健康。

🔊 适当放松自己

把一个弹簧的两端拉开，然后再松开，它立刻就能回复原状，即便我们不断地重复这个动作，它还是能回复到原来的形状。但如果把它拉开后，两端固定，用不了多久，即便你把两段松开，它也很难再回复到原来的形状。所以，我们的大脑也是一样，适当让它松懈一下，它才能更好地为我们服务。

每个人的精神状态，都是由他自己选择的。如何度过自己的人生？选择怎样的生活方式？这些都可以由自己来决定，一般来说，你有三种选择权：

1. 对自己面临的精神压力坐视不管；

2. 面对压力无可奈何，只能无助地叹息；

3. 为了缓解压力，做出适当的应对策略。

具体怎么选择，那是你自己的事。

就责任感来说，每个人都有选择的自由，你可以选择承担责任，也可以选择逃避责任，选择权在于你自己。不过就我个人的经验来说，敢于承担责任的人，远比逃避责任的人生活得要幸福。有的人把逃避责任的人说成是自私自利的表现，但在我看来，他们就像蹒跚学步的小娃娃。为什么这么说呢？因为，一个人的年龄越大，他就会越明白，人生在世，不应该只为自己。

班杰门·迪士利曾经说过："身体健康是一个人幸福和一切力量的源泉。"对此，我也深表赞同。健康是一个人幸福的基础，要想让员工在工作中充分发挥自己的才能，必须首先有健康的身体并有幸福感。

所以，我建议你参加一些有关压力的研讨会，如果你按照我说的去做了，或许你的寿命可以延长20年。麦那兹斯曾说过："健康和知识是上天赐予我们的两种恩惠。"你能像他那样关注自己的健康吗？

◄)) 关注自己的健康

"头悬梁、锥刺股"的典故你一定不会感到陌生吧？这种精神虽然可嘉，但却不值得我们效仿。因为，你已经很困、很疲惫了，却还要强迫自己去学习，无论是对我们的精神，还是对我们的身体来说，这都是一种伤害。记住，不管做什么，都要首先考虑是否会危害到我们的健康。

最简单有效的缓解压力的方法是：你想让自己拥有哪些比较理想的性格？不妨把它们写下来，每天读上几遍，并好好研究。这些性格包括幽默、忍耐、挑战、自信、优良的品性、责任感、勇气、精神愉悦等。我正是被这些性格深深地吸引。

紧张可以成为一种习惯，放松也可以成为一种习惯。不好的习惯应该摒弃，好的习惯应该发扬光大。可是，如何让自己放松呢？首先要从思想上，或者说是从你的神经上开始放松。具体来说，应该从肌肉放松开始，这是我从有关书籍中学到的。具体做法是：头向后仰，双眼闭起，在心里对自己说："全身放松，不紧张，不皱眉，放松、放松……"不断这样暗示自己。肌肉放松之后，开始放松大脑，具体做法是：清空大脑中的一切杂念，让心情平静下来，在这种情况下，一次只研究一个问题，对身体有害的压力自然会消除，从而实现减压的效果。

此外，还有一个减压的好办法我也很喜欢，具体做法是：限制自己的工作量和工作时间，这种效果也很不错。比如工作一段时间后，我就经常离开喧嚣的人群，去宁静的湖边垂钓。

确保自己的每一天都健康、自由，你会发现，你的幸福并不比帝王逊色！

爱你的父亲

你还在每天熬夜学习到半夜12点吗？但你有没有注意到，虽然你这么刻苦地去学习，你的成绩依然没有上去。还是赶紧调整你的作息时间吧，保证每天的睡眠时间，否则，你就不仅仅是学习没效率了，你的身体还可能会垮掉。真那样的话，即便你的成绩提高20分，又有什么用！所以要记住：健康才是我们最大的资本。一个人如果失去了健康，整天拖着病快快的身子，他能做出多大成就？他的人生还有什么希望？

30 和"月光族"说再见：
计划好手里的金钱，管理好自己的钱包

> 小约翰的心声：亲爱的爸爸，在公司里，我也算是白领了吧，可我钱包里的钱怎么总是不够花呢？我感觉它们就像我手指缝的沙子，刚放上去就流走了。我想叫它们流得慢一点都不可以。唉！我真不好意思向您张口，但我还是得说："亲爱的爸爸，借我500块钱吧，等下次发工资后就还您！"

亲爱的小约翰：

看来，你在资金使用上似乎没什么计划性，对此我感到很遗憾。尤其是今天上午你跟我提出要从公司借500美元用于周转资金的时候，我实在太意外了！你不光在个人财务方面存在问题，甚至连一分一毫的存款都没有，这实在让人难以理解；可是，你每天都要为一家资本高达上百万的公司做资金预算、财务报表和资金安排，在这项工作上你竟然没有出过任何差错，实在让我感到诧异！

我知道，我这么说，你肯定会觉得不好意思。其实，不只你，我也

是这样。听我这样说，你是不是心里感到些许安慰？前段时间，我去一个做税务工作的朋友那儿，他跟我说，他每天都要接待很多像你这样的人，他们也都是白领，每个月领着高薪，他们都是因为害怕没有缴税而遭到税务部门的控告，所以才跑去请求他的帮助。我真是奇怪了，为什么你能够管理好一家这么庞大的公司，却连自己小小的钱包都管理不好？是不是因为公司有完善的财务制度，而你的个人生活却没有任何计划？

我不想看着你成为"月光族"，所以，从现在开始你必须学会节省开支。如果你没有控制花销的能力，那我劝你还是别把眼睛盯在没有扣税之前的工资上，多考虑一下你扣税之后的工资吧。一项一项地列出每个月的必要花销，先把它们从你的实际工资里扣除，剩下的才是你可以自由支配的钱。你可以把这些钱都花掉，也可以把它们存起来，但我觉得，你还是存起来吧。因为每个月除了必要的花销，如房租、房贷、水电煤气费、餐饮费等支出外，你还要准备一笔钱，以备不时之需。我们在生活中碰到的麻烦，往往就是这些意外支出。

🔊 不做"月光族"

现在社会上流行一个词——"月光族"。许多年轻人为了追求身心的愉悦，发了工资就开始肆意消费，往往还不到月底，工资就已经被他们花光了。于是，又开始期待下次发工资，下一次消费。这样的人，卡上永远没有存款，一旦遇到特殊情况，他们就傻眼了。

信用卡的发明的确使购物变得更加便捷，很多人对此非常热衷。然而，信用卡的使用也给人们增加了许多烦恼。许多人在购物时变得冲动起来，从而出现消费过剩的现象。短短几年时间里，许多年轻人就都染上了这种病，并且频频犯病。于是，零售商们就开始利用人们的这种心理，开出信用支票，诱导人们无节制地消费，从而让我们每个人都染上了这种病。

 **小/故/事**

弟弟打水

　　有一对兄弟，父亲在世时很富有，所以临死前给他们每人留下了一大笔财产。老大从小跟着父亲一起做生意，知道金钱来之不易，所以一向很节俭。他从父亲手里继承了一笔财产后，继续兢兢业业地工作。老二则不然，他从小就贪玩成性，花钱更是大手大脚，没几年，父亲留给他的财产就被他挥霍一空。没办法，他只好去向哥哥借钱。哥哥不忍心再看着弟弟这样堕落下去，想帮他一把，就对他说："借钱可以，但你得先帮我做一件事。"对于弟弟来说，只要哥哥能借钱给他，叫他做什么都行，于是满口答应。哥哥到外面拿来两只水桶，递给弟弟，对他说："门外的水缸里没水了，给你一个打水桶，一个装水桶，去把门外的水缸装满水，帮我做成了这件事，我就借钱给你！"弟弟一看，打水桶很小，完好无损，装水桶虽然很大，但下面却有一个大洞。没办法，自己刚才已经答应了的事，必须得去做呀，于是，他硬着头皮拿起两只水桶去打水了。但因为装水桶下面有个大洞，每次打满水后，走到半路，桶里的水就已经流得一干二净。不管他路上走得多快，每次都是到不了家，桶里就没水了。眼看就要中午了，弟弟还是一桶水都没打回去。苦思冥想之后，他换了一种方式，把两只水桶交换，用装水桶来打水，用打水桶来装水，这样一来，虽然每次都要打好几次水才能装满一桶，但总算可以把水挑到家了。就这样，一直忙活到太阳快落山时，他终于打了满满一缸水。这时，弟弟已经累得浑身酸疼，但他突然明白了一个道理：原来这和攒钱、花钱是一个道理呀！如果不知道节俭，整天花钱如流水，即便父亲留给自己一座金山，也很快就会被自己挥霍掉。哥哥一看，教育弟弟的目的达到了，于是高高兴兴地借给了他钱。从此，弟弟一改以往花钱大手大脚的习惯，他不仅努力挣钱，更懂得了节俭的道理，很快就连本带利还清了哥哥的钱，自己还成了有钱人。

　　为了有效预防过剩消费，最简单有效的方法就是，在购买东西时只携带可用的现金，这是避免过剩消费的最有效方法。因为，每次你买完东西后，身上的现金就会越来越少，这样可以让人提高警惕。你只要能按照这种办法坚持两个月，就会在不知不觉中养成良好的消费习惯。跟在支票上潇洒地签名相比，花现金能更好地提醒你不要过度消费。此外，你还可以每月先支付掉必要的开支或存款。在没有信用卡的情况下，你肯定不会很快把钱都花完，事实的确如此，花现金总是比刷卡更节约。要不你试试看，在一个月之内，暂停使用信用卡，改为现金支付，到时候你看看，情况是不是有所改善？其实，使用现金购物一点都不麻烦，可现在的人似乎已经深陷于信用卡的泥潭当中不能自拔。

如果你无法控制自己的消费，那你可以先花一个月时间去学学会计，也许这样可以避免你再为钱的事而烦恼。在进行大额消费的时候，先想想付款期限，然后据此做个预算。比如，重要的保险、一年当中的大额支出，等等。一定要对此引起足够的重视，千万别不当回事。

◀) 不要过剩消费

"消费过剩"是指自己花的钱已经超出了自己的承受能力，甚至还出现了负数。你有没有每个星期花光零花钱，又开始借同学钱的时候？如果有，那你的消费就过剩了。反思一下吧，你都把钱花在哪儿了？有没有可花可不花的地方？如果有，那你就要调整一下了。

你要从这件事中总结一下经验，制订出一个科学合理的开支计划，也算我没白教你。现在，我们再来说说存款的事。存款的目的有两个：一是应付意外开支，比如，冰箱突然坏了；二是为一些固定开支做准备，例如每年都要交的地税、房产税、所得税和孩子的学费等等。

如果你想有些存款的话，你只需要从每个月的工资里拿出一部分存进银行，就像缴纳房贷一样，然后再把它们集中起来用于固定开支，因为这些开支是不可避免的。如果你做到了我所说的这些，那么一周或是一个月之内，你一定可以摆脱现在的窘境。如果你想拥有一个长期稳定的生活，那你就要先买房子。因为，住在自己的房子里，比住在租来的房子里，心里更踏实。其实，在个人投资方面，把自己的住房作为一种不动产进行投资，本身就是一种很好的投资方式。但在买房子之前，你得先付首付，然后再按月或按季度支付贷款。分期付款的时候，你还得事先想好每期贷款贷多少？怎么还？

但需要提醒你的是，在买房子的时候，你可不能把所有的钱都用来买房子。因为一旦你把所有的钱都拿出来买房子，每个月还要支付很多贷款，那你的家庭开支就会非常紧张，这也是人们经常犯的一个毛病。如果不幸你这时候生病了，或者银行利率提高了，那么整个家庭就会陷入一种非常窘迫的境地。为了防止这种事情的发生，你得先计算好可以比较轻松地承受的房贷额度，不然一旦有意外事情发生，你可就手足无措了。

◀)) 买房是一种很好的投资

近年来，房地产开发不知道富了多少人，即便是小规模的炒房，也让一些人大发横财。房子作为一种居住空间，是必须要投资的，是一种刚性的需求。

人无远虑，必有近忧。你还小，还没有考虑过退休以后的生活，这点我可以理解。但我还是要提醒你，等你退休后，换一套便于打扫、花费较小的房子吧，然后把换房子节省下来的钱存进银行，把利息用作日常开支。到那时候，孩子们都已经长大，并且开始独立生活了，已经不需要那么多房间了，冬天或夏天外出度假时，锁上门就可以走了，什么也不用担心，多好！

我不想过多地和你探讨投资的问题。当然了，除了买房子以外，你还可以买股票，或者债券进行投资。当你决定投资股票和债券时，一定要先进行仔细研究。虽然我的说法听起来很保守，但买卖股票亏空的事情太多了。遇到股价下跌、股票贬值更是常有的事，所以，这种类型的投资，风险还是很大的。如果你真想投资股票的话，必须确保自己有足够的余钱，千万不能用借来的钱去买股票。看看那些整天以买卖股票为生的人，有哪个是百万富翁？更何况我们这些外行呢？

　　科学合理的存钱计划可以帮我们避免很多不必要的麻烦。没生孩子之前，夫妻二人都有工作，两个人的收入加起来肯定很充裕。如果这对夫妻足够聪明的话，他们就会只用一个人的工资作为日常开销。而将另外一个人的工资存起来，作为买房子时的首付，或者及早还掉欠款。你一定要早点树立这样的意识，并且要有很强烈的意识。

◀))) 制订科学合理的存钱计划

　　为了应对不时之需，或者将来完成某项大计划，必须制订一份科学合理的存钱计划。每年收到长辈们送你的压岁钱时，你是立即花掉，还是留下一部分零用钱，把其他钱存起来？如果是后者，那你的做法还是很明智的。

　　当然也有不少年轻人会把钱存进银行，或者放在家里不花，等到冬天时再到南方度假，或者每逢周末就开着崭新的轿车去高级餐厅用餐，不这样做的话，他们就感受不到快乐。当然了，如果你的金钱计划足够合理，你也可以把这些奢侈性的娱乐列入开支计划当中。事实上，追求生活的乐趣也是我们人生的一部分。如果夫妻俩挣的钱，每个月都一分不剩地花掉，那你将来肯定会缺乏安全感。尤其是当你们的孩子出生后，开支的增加会让你感到一种巨大的压力。已经习惯了花钱如流水，再想降低自己的生活水平，可就不那么容易了。俗话说得好，由俭入奢易，由奢入俭难。虽然我们不反对在生活中追求乐趣，但我们应该按照亨利·梭罗说的去做，"花最少的钱，追求最大的乐趣，这样的人才是最富有的！"

　　你未来的生活不可能总是风平浪静，肯定会遇到很多麻烦，但是为了确保你的妻儿生活无忧，你还需要买份保险。从长远考虑，孩子的教育费用也得列入计划。即使你不幸遭遇了不测，也要确保孩子的教育不受影响。这么大的公司你都能管理好，肯定也能预算出买多少钱的保险才是最合适的。你一定要设法购买普通的人寿保险，如果保险推销员劝你为了保证稳定的收入而购买经济类的保险，那么你得好好考虑一下。许多推销员在向人们推销经济类的保险时，都没有把通货膨胀考虑进来。

◀)) 保险也是一种投资

天有不测风云，人有旦夕祸福，谁也不敢保证自己一辈子会顺顺利利，平平安安。但是，如果某一天你突然遭遇不测，而你的家庭又恰巧无法承担，怎么办？如果你之前买有保险，那么，此时你的负担会被减轻一大半。

我无权调查你的个人花销，但既然你向我提出了额外要求，那我还是希望你能记住我刚才的话，并向我做出保证。借给你的500美元，我会按照20%的年利率收取利息，每个星期从你的工资里扣除10美元，你要附上保证书，并亲笔签名。也许你觉得我这个当爸爸的太苛刻了，但如果下次再出现这样的情况，我的条件可能会更苛刻。

爱你的父亲

爸爸妈妈每个星期给你的零花钱，你是不是每次都是一个星期才过了一半就已经花完了？你又不好意思再向爸爸妈妈张口，所以后半个星期你无钱可用。其实，这正是你对金钱没有计划的结果。所以，在下次拿到钱后，你最好别急着想要买什么东西，而是先做一个计划，该买的东西一定要买，可买可不买的东西坚决不买，这样一来，你手里的零花钱也就不会这么紧张了，不信你试试。

31 几个小技巧修炼完美口才：
追求魅力四射的演讲境界

> 小约翰的心声：亲爱的爸爸，我刚刚接到一份邀请函，要我去母校给那些快毕业的大学生们做一次演讲。这是我毕业后第一次收到这样的邀请函，对此，我倍感荣幸。可激动过后，我就开始考虑演讲的内容了，于是又不禁生出些许不安：第一次参加这样的演讲，我能一举成功吗？我的演讲能得到那些学弟学妹们的认可吗？亲爱的爸爸，在演讲方面，您比我更有经验，还是您给我些建议吧，我可不想在母校丢人！

亲爱的小约翰：

听说你应母校之邀，要为那些即将毕业参加工作的学弟学妹们去做一场演讲。这是多么荣幸的一件事啊！我打心眼里为你感到高兴！

我能想象得出，你刚接到这份邀请时，内心一定激动万分吧？可是，当你冷静下来之后，这项光荣的任务，是否也让你感到些许不安？

不知道在你参加工作之后，和在校期间相比，你对这个行业的看法是否有所改变？当然了，这种体会只有你自己最清楚。但我记得你曾经这样说过，从来没想到毕业会后会有一个像我这样难缠的老板。在此我想提醒你一下，其实许多老板都是很讨人嫌的，关于这一点，没有走出校门的大学生可能怎么也想象不出，但你可以顺便告诉他们。

🔊 学校和社会是不一样的

你是不是渴望早点走出校门，去参加工作？因为那样的话，你就可以自己挣钱养活自己了。但你有没有想过，社会和学校可是不一样的，老师的任务是教书育人，把你们培养成才；但老板可就不是了，他会想方设法利用你的一切价值。对此，你准备好了吗？

演讲是一个人综合素质的体现，我不知道你在这方面准备得如何？但我可以肯定的是，你已经拥有了一位优秀演讲家所必备的条件：一张能说会道的嘴，一颗冷静而睿智的大脑，一双强壮有力的腿，起码我上次看到你的时候是这样。

首先，我们先来说说嘴巴吧！谁都会用嘴巴说话，但要想把话说得得体、漂亮，可就不是一件容易的事了。首先，发音要标准，吐字要清晰，遣词用句要通俗易懂，要做到这一点，必须反复练习。有些人乍一听他说话，还真像个演讲家，可是仔细一听却发现，他们谈话的内容空洞老套，给人一种云里雾里的感觉。所以，必须要全面考虑演讲的内容、音量的高低、发音的标准、主题的立意等方方面面。

你得赶紧把演讲的草稿写好，因为接下来的练习会占用你很多时间。你最好先找人看看你的演讲稿，让他们帮你修改一下，经过反复推敲之后，确立最终的演讲稿，这时你就可以开始练习了。你可以在书桌前，或者卧室的化妆镜前进行练习。注意，在练习的时候，麦克风距离嘴巴最好在1.8米以内，不然的话，你的声音就会飘忽不定，很难让人把握住你讲话的内容。而且，在讲话的过程中，你最好保持身体平衡，不要左摇右晃，以免听众的注意力受到干扰。对听众来说，他们也想把握住你说的每一句话，因为这的确是一场很精彩的演讲。

🔊 把握演讲中的几个要素

有一些要在演讲中起着重要作用：有内容的演讲才会有吸引力，发音清晰、言简意赅的语言才会让听众把握住你演讲的主题和内容。

一位优秀的演讲家还应该能控制自己的呼吸。讲话过程中，一定确保语句连贯，不要一句话还没说完就开始停顿，当然更不能气喘吁吁了。而且还要注意，演讲的过程中，尽量少用那些可有可无的修饰语，尽量使用短句，最好能一气呵成。要想取得这次演讲成功，你一定要多加练习，充分准备，以免到时候出现一些让你追悔莫及的小失误。第一次演讲，你肯定会全身紧张，这很正常，不要过分担心，随着你演讲次数越来越多，这种紧张情绪也会逐渐消失。目前你最需要做的就是，调整呼吸，集中注意力。总之，要想获得演讲成功，你必须多加练习，多找机会参加演讲。

我们公司内部经常举行一些讨论会，每次讨论之前都会推选出一位主持人，负责简单报告会议内容，这就是一个锻炼演讲的好机会。在这样的讨论会上，每个人都有机会把自己训练成一位演讲高手，每个参加讨论会的人都和你一样，希望借此机会训练自己的口才。多参加几次这样的讨论会，能有效地帮你克服演讲时的恐惧心理，使你能泰然自若地开口演讲。

🔊 抓住一切机会锻炼自己

俗话说："玉不磨不美，人不磨不灵。"人都是在一次次磨炼之后才变得成熟和完美的，所以，一定要抓住一切机会锻炼自己，在实践中提高自身能力，塑造一个崭新的自我。

许多人都有点不理解，为什么我们在众目睽睽之下演讲时，会表现得那么紧张？对此，你是不是也有点不解？这很正常，因为我们都是凡人，作为一个凡人，当你走上讲台，无数灯光聚焦在你身上，数百双期待的目光注视着你，在这种情况下，虽然你只是面对一个话筒讲话，但还是难免会产生一些紧张情绪。下面，我告诉你几个克服紧张情绪的小窍门：

第一，双手握住讲台两侧，这个动作虽然简单，但却可以有效缓解心跳加快和抑制双腿颤抖。第二，把在座的观众想象成你的朋友，他们正在听你倾诉。事实也的确如此，他们就是专门来听你演讲的。第三，你还可以试着把注意力全部集中在某一个人身上。

除此之外，我还记得有个朋友曾经跟我说过，假如你在演讲之前准备充分，有近乎完美的草稿，演讲内容立论充足，那你在走上讲台时就会充满信心，自然也就不会那么紧张了。有过几次演讲经验之后，你紧张的情绪自然会烟消云散。等到演讲结束，你就等着接受人们的奉承吧！到那时候，演讲过程中所有的障碍就都被你甩在了身后。你要相信，在座的每一位都是专程来听你演讲的，他们就是想汲取你的经验，听听你的见地。所以，在演讲的过程中，你会收获一种教化人的成就感，这也正是那些喜欢演讲的人们所追求的最高目标。

◢)) 消除紧张情绪

紧张是一种很正常的情绪，但如果紧张过度，我们的工作和学习就会受到影响。考试时紧张，你的思维就会受到影响；演讲时紧张，你的讲话就会受到影响。对于紧张情绪，我们可以通过一些方法消除它。深呼吸或自我心理暗示等，都可以有效缓解紧张情绪。

真正的演讲高手绝不会与听众为敌，他们会想方设法让听众知道，他是跟他们站在一条战线上的，并对听众的关心和支持表示感谢。他从始至终都会给听众这种感觉，并始终牢牢抓住听众的心，直到自己的演讲结束。

 小/故/事
一位女歌手的成名路

有这样一位女歌手，她的歌声非常美妙，许多朋友都说，她如果能上台表演，一定会大红大紫起来。于是，在几个评委面前试唱之后，很顺利地就通过了，于是安排她上台演出。可是这位歌手却有一个缺点，一上台，面对台下众多的观众，她就浑身哆嗦，声音发颤。但如果她将身体歪向一侧，这种现象就会消失。为了不让自己出丑，她在表演时采取了一种保守的方式。那天，音乐声中，灯光闪现，她的歌声也徐徐响起，非常美妙，非常动听，台下观众的叫好声一浪高过一浪。可是这种叫好声反而让她更紧张起来，为了快速缓解紧张，她赶紧将身体转向一侧，甚至背向观众。一开始，观众以为她是在变换动作和姿势，但一直到一首歌曲结束，她才转身面向观众，朝他们深鞠了个躬。不知道从什么时候起，台下观众开始交头接耳起来，等她歌声结束时，台下却一点掌声也没有，她很尴尬地下了台。事后，主持人好心地告诉她："你要想成名，离开观众怎么行呢？但你却从始至终连看都不看观众一眼，这怎么能得到他们的支持呢？"她一想也是，于是想方设法克服了自己的畏惧心理，不仅在以后唱歌时面朝观众，而且还经常走到观众中间，她的歌声又是那么美妙，结果可想而知，她很快就红了起来。

如何衡量你的演讲是否抓住了听众的心？方法很简单。假如大家都平心静气、目不转睛地看着你，说明你的演讲很成功。假如大家在不断地咳嗽，台下不时还有窃窃私语声传来，或者还有翻书的声音，等等，只要你没有傻到一定程度，你应该知道，大家对你的演讲不感兴趣。这时候你应该好好想想，自己是不是哪里没做好？认真总结一下失败的原因。

假如你的演讲非常成功，现场一片热烈的掌声，你的情绪一定也会非常激动；但假如你的演讲很失败，你的情绪肯定也会非常低落。这是两种截然不同的结果，究其原因，就在于你事前是否进行了充分准备。

🔊 抓住听众的心

演讲的最终目的，就是要让听众接受你的观点，形成某种思想，进而按照你的意图去做事。也就是说，你要通过自己的演讲来说服人，影响人。要达到这一目的，就必须在演讲过程中抓住听众的心，牵着他们的鼻子走。

　　一位优秀的演讲家，必须能够在演讲过程中，和听众有一定程度的互动。他们会在演讲时鼓励听众发问，听听他们的意见。这样一来，他既了解了听众的想法，还能够在交流中相互学习，增加知识，还可以通过这个方法检测听众对自己的演讲是否能接受？接受度有多少？作为一名听众，他们都希望能从你的演讲中学到一些新知识，这样他们在你演讲结束后，就会有不虚此行的感觉。实际上，倾听他人的经验，也是一种快速有效的学习方式。所以，我们也不妨试着少说多听。

　　既然你接受了母校的邀请，就一定要认真准备，争取在这次演讲中一举成功！

　　亲爱的儿子，爸爸只能给你这些建议了，剩下的就需要你自己去认真体会、精心准备了。预祝你在这次演讲中成功！

爱你的父亲

　　你不是一直想成为一名小演讲家吗？那你知道怎么抓住观众的心，让你的演讲一举成功吗？紧张得浑身发抖，说话结结巴巴，这样的演讲肯定是失败的。即便演讲内容很好，但发音含糊不清，或者语速太快，让观众无法把握你讲话的内容，这样的演讲也是失败的。说话啰啰唆唆，本来一句话可以说清的问题，却非要讲上十来分钟，只会让听众感到厌烦。所以，演讲和我们平时的聊天不一样，它是一门技巧，必须好好学习。

32 用最少的时间达到最好的效果：
做一个效率超人

> ○ 小约翰的心声：亲爱的爸爸，最近为了解决我的一点私人问题，我花费了太多时间，却似乎一点效果都没有，真让我感到郁闷！本来还以为事情会很快解决，所以我事先连计划都没做，没想到却凭空浪费了这么多时间。早知道这样，还不如用这些时间去做点别的呢。亲爱的爸爸，我现在好后悔呀！

亲爱的小约翰：

在这封信里，我想和你探讨一下时间的问题。我知道，你最近在个人问题上花费了很多时间，却似乎什么收效都没有，凭空浪费了这么多时间，我真替你感到惋惜。我知道，你本来也没想浪费时间，只是因为对时间缺乏计划性。

对于企业家来说，时间是成功的保障，像生命一样宝贵。所以，我们要像珍惜生命一样珍惜时间。生命就是由时间一点点累积而成，所以，要想成为企业家，我希望你能从珍惜时间做起。

◀)) 从珍惜时间做起

"明日复明日，明日何其多！"时间的车轮在一刻不停地前行，但我们生命的车轮行驶到一定阶段，却会戛然而止。所以，如果有计划不立刻去实施，有事情不立刻去做，而是今天推明天，明天推后天，到头来可能一辈子都一事无成。记住，如果你放弃了时间，成功也会放弃你。

无论是个人还是企业，能否充分利用时间都非常关键。如果不能把每一天计划好，时间就会在不知不觉间溜走，到头来我们却什么都得不到。

时间分配是否合理，关系到一个人事业的成败。有的人或许会认为，不就是浪费几分钟吗？不就是浪费几个小时吗？有什么啊！但事实并非如此。短期内可能看不出效果，但时间长了你就感觉出来了。我希望你不要有这种想法。

时间的财富对每个人来说都很宝贵，它就掌握在你的手中，所以你一定要牢记：浪费时间就是在浪费生命！成功企业家都有一个共同特点：那就是他们从来不会有闲暇时间。对工作和生活中的每一分每一秒，他们都格外珍惜，他们总是在勤勤恳恳地工作。所以，你也要认真、合理地安排自己的时间，不要在无聊的事情上浪费哪怕是一分钟的时间。

时间所具有的一个最大特点就是：不可挽回性、不可逆转性、不可贮存性，它是一种与众不同的、不可再生的资源。对任何人、任何事来说，时间都是残酷无情的，即便你有再大的本事，也留不住它。时间可以被我们肆无忌惮地挥霍，也可以被我们充分利用。如果能好好利用时间，效率自然也就有了。也就是说，谁在一定的时间里能创造更多的价值，他对时间的利用效率就是最高的，时间就这样一点一滴地累积成我们的生命。

🔊 合理安排自己的时间

没有头绪、盲目的工作，工作效率会非常低下，而且还会让人感到身心疲惫。但如果能对时间进行统筹安排，就能做到忙而不乱，工作效率自然也会大大提高。

人的生命其实很短暂，而真正能够用于工作的时间更有限。假如一个人的寿命有80岁，大概有70万个小时，可以精力充沛地用于工作的时间是40年，也就是35万个小时，除去每天吃饭、睡觉的时间，大约还有20万个小时。最大限度地利用这有限的时间，就能体现我们的人生价值。如果能在这有限的时间里，最大限度地提高自己的工作效率，实际上也就延长了我们的寿命。现在你再想想，你有多少生命可以去浪费？很显然，要想成为一名优秀的企业家，让我们的事业传承下去并发扬光大，就必须牢记"效率就是生命"这句话。

 **小/故/事**

做事要讲效率

爱迪生是一位伟大的发明家，他一生中发明了电灯、电报机、留声机、电影机等2000多种东西。在科学研究生涯中，爱迪生非常注重做事效率，在他看来，人生太短暂了，必须节省时间多做事，而效率低下的工作，其实是在浪费时间。

有一次，他请一位助手帮他测量一个梨形灯泡的容积。这个助手做事一向兢兢业业，他听到爱迪生的命令后，立即接过那个灯泡，拿着尺子在上面比划着测量了一些数据，然后拿着笔开始在纸上认真计算起来，一个小时过去了，爱迪生问他："算好了没有？"助手头也没抬，回答说："快了！快了！"转眼又一个小时过去了，爱迪生又问他："还没算好吗？"助手还是回答："快了！快了！"爱迪生不耐烦了："怎么这么长时间都没算出来？"他走过去一看，终于知道是怎么回事了，他转身去接来一杯水，拧开灯泡，把水倒了进去，然后交给助手："去把水倒在量杯里，快点告诉我它的容量！"助手很快就掌握了精确数据。爱迪生教育他："以后在做事之前，先想想怎么做又快速、又准确，照你那样算法，得浪费多少时间啊？把时间节省下来，我们还可以做好多事啊！"这件事，爱迪生给助手上了他人生中最重要的一课。

对于"闲暇"时间，我们可以通过各种各样的方式来打发：读书，结交新朋友，从事艺术创作，思考问题，等等。

时间如此宝贵，那么，我们该如何珍惜时间呢？具体来说，包括以下几方面：

首先，把有限的时间集中起来，用来处理最重要的事。人的时间和精力有限，不可能把所有事情都处理好，所以，我们要分清主次，坚决而果断地摒弃不重要的事，更不能把自己的时间平均分配。当事情发生时，我们首先要想的就是："这件事是不是值得去做？"千万不要遇事就去处理，更不要因为自己一直在忙碌就觉得问心无愧。

从最重要的事做起

有时候有许多事情等待我们去做，但我们的时间和精力是有限的，所以有必要把每天要做的事按重要程度排序，从最重要的事情做起，这样的话，即便你每天的事情都做不完，起码你实现了生命的最大效率。

其次，善于抓机会。任何一个机会都可能在我们的事业发展中起转折作用，在这关键时刻，如果能将机会牢牢抓在手中，就会以最小的代价，收获最大的成功，从而推动事业不断向前发展。相反，如果让机会悄悄溜走，已经到手的成功就会付诸东流，甚至还可能引发更严重的后果。所以，能够审时度势地捕捉时机的人，更容易取得成功。

还有一点需要说明，你要善于利用零散的时间。虽然时间不可能集中，但零散时间还是不少的，只要能珍惜并充分利用，工作效率就会大幅度提高。另外，会议的召开是为了交流信息，你要充分利用这个时间，和大家讨论工作上的问题，并给大家安排工作，协调各方面的意见，做出最终的决定。如果能充分利用会议时间，就能为大家节约时间，工作效率自然会大大提高；相反，如果不能充分利用，就是在浪费大家的时间，工作效率不仅不会提高，甚至还会降低。

爱你的父亲

智慧启迪

　　时间对我们每个人都是公正的，但一个班那么多学生，成绩表上却有了高下之分，最高分和最低分甚至相差悬殊。这是怎么回事？其实，成功与失败的区别就在于大家对时间的利用不同。有的人在抓紧一切时间学习，有的人在抓紧一切时间玩耍；有的人在学习之前制订计划，有的人却毫无计划；有的人只顾闷头学习，有的人却在不断反思；等等。你是怎么学习的？记住，我们不仅要珍惜时间，更要有效地利用时间，实现学习效率的最大化！